KB096009

요리
하는
조선
남자

음식으로 널리 이롭게 했던　　　　조선 시대 맛 사냥꾼 이야기

| 이한 지음 |

요리 하는 조선 남자

청아출판사

요리하는 남자

옛날 사람들은 무엇을 먹고 살았을까?

세상에는 많은 즐거움이 있지만 그중에서도 먹는 것을 무척 좋아하는 사람이 있다. 그저 배고픔을 없애고자 먹는 게 아니다. 먹는 것을 커다란 즐거움으로 여겨 앉아서나 누워서나 다음 끼니에는 무엇을 먹을지 생각하고, 어디어디 맛있는 음식이 있다면 꼭 먹고 싶어 하고, 좋아하는 먹거리를 찾아 천 리 길도 마다하지 않는 사람. 그들은 지금은 물론, 아주 먼 옛날에도 있었으니.

조선 시대 전국의 식도락 리스트 《도문대작屠門大嚼》을 작성한 허균許筠이 대표적이고, 게장이라면 눈이 뒤집어졌던 서거정徐居正도 있다. 또 먹는 걸 정말 좋아해서 생선회니 메밀떡이니 먹는 이야기를 끊임없이 시로 썼던 목은 이색牧隱 李穡도 있다. 이색은 '나이 들어 나처럼 먹을 거 밝히는 사람이 또 있을까'라는 시구를 읊었으며, 이가 너무 아파서 뽑은 뒤 이제 딱딱한 음식을 못 먹겠다며 슬퍼하기도 했다. 또 악우惡友 유득공柳得恭 덕분에 조선사에 길이 남을 먹보로 기록된 초정 박제가楚亭 朴齊家도 있다. 한 번에 냉면 세 그릇, 만두 백 개를 먹는다는 식욕에 대한 기록은 그를 놀리려는 백탑파 사람들의 짓궂음 때문이겠지만, 실

제로도 그는 먹는 걸 참으로 좋아하는 사람이었다.

어떤 사람들은 남이 만들어 준 요리를 먹는 데 그치지 않고 스스로 요리를 만들었으니, 역사상 가장 유명한 사람은 남송의 소동파蘇東坡가 아닐까. 우리나라에도 널리 알려진 시인이며, 식도락가에게는 동파육東坡肉을 만들어 낸 걸로 유명한 그는 본인부터가 맛난 걸 좋아하는 '맛 사냥꾼'이었고, 손수 귤로 술을 담그고는 자기 술이 세상에서 가장 맛나다 자랑까지 했다.

요리를 만드는 남자는 중국에만 있지 않았다. 조선 태조 1년(1392), 태조는 장군 시절 오랫동안 자신을 따라다니며 밥을 해 주었던 사람을 중추원에 꽂았다. 이름 하여 이인수李仁壽. 그가 받은 벼슬은 상의중추원사였다. 이에 신하들이 들고 일어났으니, 이유는 그의 신분이 미천했기 때문이었다.

본디부터 재주와 덕망이 없고, 다만 음식 요리하는 일만 알았습니다.

파면시키라고 신하들이 글을 올리자, 태조는 매우 기분 나빠 했다. 왕은 먼저 누가 꺼낸 말인지 따져 묻고 이렇게 말했다.

"저 사람이 좀 부족하지만 사용만 주관하게 했다."

사용은 궁궐에서 음식을 관장하는 곳이었다. 즉 이인수는 조선이 들어선 이후로도 여전히 태조의 밥상을 관리했고, 심지어 온천으로 여행 갈 때도 곁에서 모셨다. 아마 고려 때 이곳저곳을 정벌했던 태조 이성계의 뒤를 따라다니며 밥을 했기에 그의 입맛을 꿰어 찬 사람이 아닐까. 덕분에 이처럼 출세까지 했으니, '조선 시대 최초의 요리하는 남자'라는 타이틀을 거머쥐었다 하겠다.

그다음 요리하는 남자는 세종 때 있었다. 세종 16년(1434), 의안대군 이화의 아들이자 충청도 병마도절제사이던 이교李皎는 요리가 특기였다. 그냥 조금 잘한다 수준이 아니라 아주 훌륭했던 모양이다. 그즈음 중국 사신이 조선에 당도하자, 사신을 맞아 잔치를 하는데 상감마마 앞에서 요리를 할 사람이 없다는 요청에 다급히 호출되었던 것이다. 이에 급히 서울로 올라와야 했으니 대체 얼마나 요리를 잘했으면 이렇게 불렀을까. 종실 출신이면서 요리를 잘한다는 것이 너무나도 신기한 지경이다. 직접 식칼을 들고 불 앞에서 음식을 만들었을지는 알 수 없

지만, 요리에 조예가 깊은 왕족이라니 그것만으로도 매우 특이한 인물이다.

여기까지는 그나마 좋은⒜ 요리랄 수 있다. 맛있는 음식은 입을 행복하게 하고 마음을 흡족하게 하는 법. 그러다 보니 뇌물로 써먹히기도 했다. 중종 때 이팽수李彭壽라는 사람은 권신인 김안로金安老에게 개고기 요리를 만들어 바쳐서 좋은 벼슬을 얻은 것으로 명성이 자자했다.

광해군 때에는 '잡채상서'로 이름을 남긴 이충李沖이란 인물도 있었다. 광해군은 그렇잖아도 반정으로 쫓겨난 임금이다 보니 그의 기록에는 편견이 가득하나 그럼에도 이 이야기는 무척 재미있다. 이충은 광해군에게 잘 보이려고 겨울철 땅속에 큰 집을 지어 놓고 채소를 심어 키웠다고 한다. 그렇게 곱게 키운 채소로 반찬을 맛있게 장만해서 아침저녁으로 임금에게 바쳤으니, 광해군은 그 반찬을 매우 좋아해 그것이 올라올 때까지 젓가락을 들지 않았다고도 한다. 그래서 얻은 별명이 잡채상서雜菜尚書.

또 그보다 먼저 한효순韓孝純이라는 인물도 있었다. 그는 사삼沙蔘, 곧 더덕으로 밀전병을 만들어 광해군의 사랑을 받았다고 한다. 그래서 그의 별명은 사삼각로沙蔘閣老였다.

> 사삼각로의 권세가 처음에는 중하더니
> 잡채상서의 세력은 당할 자가 없구나!

덕분에 이들을 비꼬는 이런 시가 지어질 정도였다고 한다. 과연 한효순과 이충이 손수 더덕을 썰고 잡채를 볶았을지는 분명하지 않지만, 분명 조선 시대에 궁중 요리는 남자들의 몫이었다.

이제는 만화와 드라마 덕분에 잘 알려진 숙수熟手가 바로 그렇다. 요리를 만드는 것뿐만 아니라 왕실에서 쓸 채소를 키우는 일도 남자들의 몫이었다. 그래서 세종 15년(1433), 명나라에서 요리를 만드는 처녀들을 공녀로 바치라는 요구가 들어왔을 때 왕과 신하들은 "우리나라에서 궁중 요리를 하는 건 다 남자라서 여자들이 아는 바가 아닌데?"라며 당황했고, 여인들에게 요리 만드는 법을 속성으로 전수했을 정도였다.

조선 시대 남자 궁중 요리사들의 흔적은 조선 후기의 역관이었던 이표가 썼다고 하는《수문사설謏聞事說》에서 찾아볼 수 있다. 여기에는 당

대 유명한 요리들이 적혀 있는데, 만드는 사람이 죄다 남자들이었다. 그들은 아마도 숙수였을 것이다. 이렇게 말하는 까닭은 그저 '노비'라고만 적혀 있을 때도 있기 때문이다. 그러면 노비들의 음식이 아닌가 말할 수 있으나, 이렇게 만든 요리들이 참으로 화려하다. 모로계잡탕과 부어증, 즉 닭을 비롯해 쇠고기, 돼지고기를 함께 요리한다거나, 붕어를 삶아 만든 화려한 음식들이 고작 장악주부掌樂主簿 노비의 일상식일 리 없는 것이다. 그 외에도 사옹원에서 성상(城上, 그릇 담당)으로 있던 권탑석權榻石이란 인물도 수탉고기와 꿩고기를 밀가루로 싸서 찌는 일종의 만두 요리인 황자계혼돈이라는 화려한 요리를 만들었으며, 숙수 박이미朴二尾는 동과증冬瓜蒸과 우병芋餠을 만들어 임금에게 올리기도 했고, 그 외에 사금, 이병이라는 숙수의 이름들이 등장한다.

또한 임진왜란 직후, 100살을 맞이한 어느 관리의 어머니를 위해 차려진 잔치 풍경을 그린 〈선묘조제재경수연도宣廟朝諸宰慶壽宴圖〉라는 그림이 있다. 여기에는 잔치 한편에서 음식을 준비하는 모습들이 그려져 있는데, 솥과 장독대가 있고, 칼을 들고 재료를 다듬는 사람들도 작고 간략하게 그려졌다. 그런데 이들은 결코 여인의 모습이 아니다. 바로 조선 시대의 궁중 요리사인 숙수들이 이 잔치를 축하하기 위해 특별히

파견된 것이니, 그날 잔치 음식은 굉장히 수준이 높았을 것이다. 아쉬운 게 있다면 숙수들의 신분은 중인들이어서 기록이 거의 남지 않았다는 정도일까.

물론 이것은 궁중의 이야기이고, 민가에서는 음식 만드는 것이 여전히 여자의 몫이었다. 이덕무는 음식을 만드는 것은 온전히 부인의 일이라고 말하기도 했으니 말이다.

하지만 여기에도 예외는 있었다. 아내나 며느리가 일찍 죽었거나, 홀몸으로 귀양을 가 있는 신세였을 때 남자, 특히 양반은 손수 요리를 할 수 밖에 없었다. 또한 드물지만 맛있는 것을 먹기 위해서라면 자신이 직접 정성을 들이는 것을 아까워하지 않은 남자도 있긴 했다.

요리란 얼마나 즐거운 일인가. 먹는 것은 참으로 중요한 일이고, 맛있는 재료를 사다가 맛 좋은 요리를 만들고, 그걸 내가 먹고 사랑하는 사람들에게 먹이는 것은 참으로 보람찬 일이다. 비록 남자들이 직접 요리를 하는 일은 가뭄에 콩 나듯이 드물긴 했지만, 여전히 먹고 싶은 것을 고를 권한이 있었고, 맛을 즐기며, 기록으로 남길 수 있었던 것은

남자들이었다.

　이제 조선 사람들의 맛의 세계를 살펴보자. 임금님의 밥상이나 종갓집 제사상에 올라가는 귀하고 정성스러운 요리들은 이미 많은 책들이 다뤘으니 이 책에서는 굳이 다루진 않으려 한다. 대신 매우 흔한 음식, 언제나 먹을 수 있는 음식, 그중에서도 만들기 쉽고 먹기에도 편한 것들. 그래서 사람들이 좋아하고 자주 만들어 먹었을 역사 속의 요리와 그걸 만들고 또 먹어 온 남자들의 이야기를 해 보려 한다.

이한

차
례

사람들이 좋아하고
자주 만들어 먹었을 역사 속의 요리와
그걸 만들고 또 먹어 온 남자들의 이야기

제1장

고기

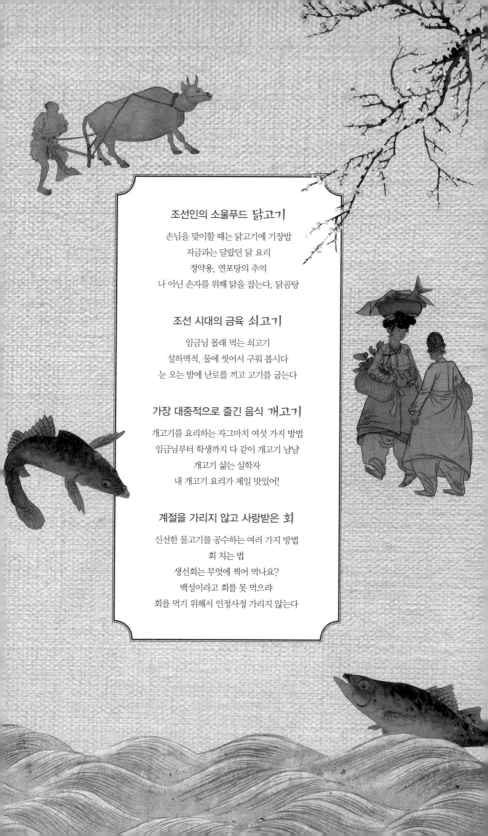

조선인의 소울푸드 닭고기

손님을 맞이할 때는 닭고기에 기장밥
지금과는 달랐던 닭 요리
정약용, 연포탕의 추억
나 아닌 손자를 위해 닭을 잡는다, 닭곰탕

조선 시대의 금육 쇠고기

임금님 몰래 먹는 쇠고기
설하멱적, 물에 씻어서 구워 봅시다
눈 오는 밤에 난로를 끼고 고기를 굽는다

가장 대중적으로 즐긴 음식 개고기

개고기를 요리하는 자그마치 여섯 가지 방법
임금님부터 학생까지 다 같이 개고기 냠냠
개고기 삶는 실학자
내 개고기 요리가 제일 맛있어!

계절을 가리지 않고 사랑받은 회

신선한 물고기를 공수하는 여러 가지 방법
회 치는 법
생선회는 무엇에 찍어 먹나요?
백성이라고 회를 못 먹으랴
회를 먹기 위해서 인정사정 가리지 않는다

조선인의 소울푸드

닭고기

한국을 대표하는 음식은 무엇일까? 누군가는 김치를 이야기하고 누군가는 불고기를 말하겠지만 필자는 치킨을 꼽는 데 한 점 부끄러움이 없다. 그냥 닭고기가 아니라 바삭바삭하게 튀긴 프라이드치킨 말이다. 프라이드치킨은 외국 음식이 아니냐 하겠지만, 겉은 바삭하면서도 속은 육즙이 넘치는 이 특별한 요리는 오로지 한국에서만 맛볼 수 있으니, 더운 여름밤에 맥주와 곁들이면 이만한 진미가 없는 것이다.

조선 시대에도 닭은 참으로 용이한 단백질 섭취원이었다. 물론 단백질에는 쇠고기나 돼지고기도 있다. 하지만 소는 농업에 무척 중요한 생산도구였으므로 조선 정부는 소를 잡는 일을 법으로 금지했다. 다들 살금살금 몰래 잡아먹긴 했으나 떳떳하게 먹을 수 있는 건 아니었다. 돼지도 의외로 키우기 힘들었다. 덩치가 크기도 하고, 풀만 먹어도 되는 초식동물인 소와 다르게 돼지는 잡식성이라 곡식 등 이것저것 잘 먹여야 살이 올랐던 것이다.

그에 비해 닭은 키우기 쉬웠다. 덩치가 작아 우리가 크지 않아도 되고, 알도 낳고, 키운 지 두 달이면 영계가 되니 세상에 이렇게 훌륭한 식재가 또 있겠는가. 그래서 옛 조상들의 삶에 닭은 매우 익숙한 일상의 일부였다. 괜히 '치킨 님'이 아닌 것이다.

매우 유명한 김득신의 〈파적도破寂圖〉를 보면, 적막을 깬다는 제목답

게 느긋하게 오후를 즐기며 쉬고 있던 차, 고양이가 병아리를 물고 달아나 소동이 벌어졌다. 엄마 닭은 새끼를 구하려고 고양이를 쫓고, 다른 병아리들은 사방팔방으로 달아나고 있다. 마루에서 졸고 있던 사내는 구르듯이 마루에서 뛰어내려 담뱃대를 후려치는데, 고양이를 잡을 수나 있을지, 병아리를 구할 수는 있을지 모르겠다. 사내나 아낙의 옷차림, 벗겨져 바닥으로 떨어지는 관을 보면, 번듯한 양반도 아니고 직접 돗자리를 짜야 할 만큼 넉넉하지 않은 살림이다. 그래도 마당에 닭은 키웠던 것이다. 실제로 많은 시에서 약방의 감초처럼 마당에 돌아다니는 닭을 이야기했고, 사방팔방 진귀한 맛을 즐기고 먹는 데 목숨을 걸었던 허균이 "닭이야 어디서나 키우는 거니 특별한 게 없다."라고 말할 만큼 닭은 흔했다.

《산림경제》나 《농사직설》을 보면 닭 키우는 이야기가 나온다. 닭은 우리를 만들어서 키우며, 살찌우는 방법이 재미있다. 조로 쑨 죽을 내버려 두면 구더기가 스는데, 이걸 닭에게 주면 된다는 것이다. 닭들에게 풍부한 단백질 모이를 섭취하게 하는 것이니, 옛 사람들의 지혜라고나 할까. 달걀을 얻는 데도 나름의 팁이 있으니, 삼 씨앗을 주면 닭들이 알을 낳기만 하지 품지는 않는다고 했다. 이건 과학적 근거가 있다기보다는 미신 같다.

아무튼 이러니 닭이 얼마나 많은 사랑을 받은 생활 밀착형 음식이었겠는가. 정말 가난한 사람들이 평생 딱 한 번 고기를 먹을 수 있다면, 그건 아마 닭고기였을 것이다. 잔칫날이나 귀한 손님이 왔거나, 혹은 아픈 사람의 몸보신 메뉴로도 닭이 애용되었다.

┃ 닭은 키우기 쉽고 다양하게 먹을 수 있는 용이한 단백질 섭취원이었다. (변상벽, 〈어미닭과 병아리〉, 국립중앙박물관)

그러다 보니 닭을 잡는 것도 일상이었다. 당시는 요즘처럼 닭 처리 공장에서 곱게 닭털을 뽑고, 머리, 발을 잘라 깨끗하게 씻은 뒤 위생적인 팩에 담아 비닐로 포장해서 파는 시대가 아니었다. 그래서 각종 요리서에서 닭 요리의 처음은 닭 잡는 법으로 시작했다.

《제민요술》에서는 닭을 잡아 닭털을 뽑은 뒤 깨끗하게 씻고 내장도 씻을 것을 권했으며,《임원십육지》나《농정회요》에서도 닭의 밑에 구멍을 뚫어 내장을 몽땅 꺼내야 한다는 사실을 꼼꼼하게 적었다.《이조궁정요리통고》에는 영계를 뜨거운 물에 살짝 넣으면 털이 잘 뽑힌다는 말도 있다.《음식디미방》은 영계를 하루 전날 잡아 거꾸로 매달아 둬서 피를 빼고 사후경직이 풀리게 해야 고기가 더 연해진다는 지식을 이야기해 주고 있다.

그러다 보니 닭을 잡는 광경을 보고 충격을 받는 사람도 있었던 모양이다. 이항복李恒福이 쓴 진사 최전崔澱의 묘갈명을 보면, '이 사람은 어릴 적 집안사람이 닭 잡는 소리를 듣고 측은하게 여겨 닭고기를 먹지 않고 물리쳤다'라는 이야기가 나온다. 과연 그때만 안 먹은 것인지 아니면 평생 먹지 않은 것인지 분명하지 않지만, 어쨌든 오랫동안 안 먹었기에 이렇게까지 적은 게 아니었을까. 필자는 어릴 때 개 잡는 광경을 본 이래로 영영 보신탕을 먹지 못하게 된 사람을 알고 있는데, 그와 비슷하게 트라우마로 남은 듯하다. 하지만 이렇게 희귀한 예를 제외하고 대다수의 사람들은 닭고기를 매우 사랑했고, 없어서 못 먹었다.

손님을 맞이할 때는
닭고기에 기장밥

옛날 책들을 보면 흔하게 나오는 표현 중에 '계서鷄黍'라는 말이 있다. 닭고기에 기장밥이라는 말이다. 《예기禮記》에 가장 먼저 등장한 말로, 천자天子는 여름 절기가 되면 기장밥에 닭고기를 먹는다는 내용이다. 오행의 이치에 따른 배치였지만, 상식적으로도 기장은 여름 즈음에 익었기에 가장 제철의 음식이었다.

이렇듯 닭고기에 기장밥은 천자가 때 맞춰 먹었던 음식이었지만 시간이 지나면서 어느새 귀한 손님맞이용 메뉴를 일컫는 말이 되었다. 《논어論語》〈미자편微子篇〉에는 '자로를 묵게 하며 닭을 잡고 기장을 먹였다止子路宿, 殺鷄為黍而食之'라는 언급이 있으며, 그보다 더 재미있는 것은 《후한전後漢傳》〈범식열전范式列傳〉에 나오는 이야기이다.

한나라 때 범식范式이란 사람이 있었는데, 그는 태학에서 장소張邵라는 친구를 만나 사귀게 되었다. 둘의 고향은 매우 멀리 떨어져 있었는데, 헤어질 때 범식이 장소에게 2년 뒤에 집으로 놀러 가겠다고 약속했다. 그리고 2년째 되는 날, 장소는 닭을 잡고 기장밥을 지으며 친구를 기다렸다. 부모는 그렇게 먼 곳에서 찾아올 리가 없다고 했으나, 장소는 "올 겁니다." 하고 말했다. 그리고 그 말이 미처 끝나기 전에 손님이 도착했으니, 바로 천 리 길을 마다치 않고 찾아온 범식이었다고 한다.

이런 내력 덕분에 중국뿐만 아니라 우리나라에서도 손님을 잘 대접한다는 말은 계서鷄黍라는 용어로 대표되었으며, 동시에 친구끼리 만날 약속을 뜻하는 말도 되었다. 때때로 사람들은 오랫동안 만나지 못한 친구를 그리워하며 "우리 계서의 맹세는 어쩌라고!" 하며 말하기도 했다. 그 대표적인 예가 박호_{朴漍}가 지은 《용재집_{墉齋集}》에 실려 있다. 예안에 사는 친구를 만나기로 약속했다가 끝내 못 만나게 되자, 시를 지어 보내며 계서를 언급한 것이다.

> 들자 하니 정진의 물가에서 이미 봄이 저물었다기에
> 鼎水聞春暮
> 가는 길을 늦출 수가 없었는데
> 行程不可遲
> 계서의 약속은 이미 저버린 채
> 已孤鷄黍約
> 허무하게 귀거래사를 잇는구려.
> 空續去來辭

따라서 조선 사람들의 시에 무수하게 나오는 계서는 정말로 닭고기에 기장밥을 먹었다기보다는 그냥 상징적으로 썼을 가능성이 높다. 기장이 그렇게 흔한 곡식도 아니었으니 말이다.

하지만 닭고기는 예외다. 기장에 비해 닭은 어디서든 잘 자랐고, 구하기도 손쉬워서 여전히 손님을 맞이할 때 애용하는 메뉴였다. 굳이 어떤 글을 인용하지 않더라도 입버릇처럼 귀한 손님이 오면 '씨암탉 잡는다'라는 이야기가 있지 않은가. 이 말도 귀한 손님을 맞는 날 목숨을 잃어야 했던 수많은 계공鷄公들이 만들어 낸 역사의 산물일지도 모르겠다.

그렇기에 닭은 생활의 넉넉함을 보여 주는 척도이기도 했다. 정약용도 자식들에게 편지를 쓰며 자신의 장래 희망을 이렇게 이야기하곤 했다. 지금은 우리 집안이 망했지만, 열심히 노력하면 손님들이 찾아올 때 닭 잡고 회 쳐서 대접할 수 있게 되지 않겠느냐고. 본인들이 먹는 것도 아니고 남을 대접하기 위해 닭을 잡는다니 애처롭지만, 그러니까 꿈이었으리라.

그리고 손님을 접대하는 용도로만 쓰인 것도 아니었으니, 죽은 이를 위한 제사상 위 제물로 애용된 것이 막걸리와 닭고기였다. 소나 돼지는 덩치가 크고 잡으면 가계에 큰 부담이 되었지만 닭은 상대적으로 덜했다. 흔히 꿩 대신 닭이라는 말이 있지만, 이럴 때는 소나 돼지보다 닭이란 말도 충분히 성립할 수 있었다.

성녕대군은 태종과 원경왕후의 막내아들이자 세종의 동생으로, 결혼하고도 궁에서 부모와 같이 살 만큼 듬뿍 사랑받았던 늦둥이였다.

성녕대군이 12살의 나이로 일찍 세상을 떠나자, 형제를 가차 없이 제거하고 쫓아냈던 냉혈한 태종도 자기 자식에게는 한없이 약한 '아빠'였기에 굉장히 슬퍼했다. 산 자식에게도 많이 해 주고 싶은 게 부모의 마음이건만, 하물며 죽은 자식이라면 어떻겠는가. 평생 불교를 싫어했던 태종이었지만, 돌아가신 어머니 신의왕후 한씨를 위해 세웠던 궁궐 안의 내자암에서 죽은 막내아들을 위한 제사를 지내게 했다. 죽은 이를 위해 지내는 제사에는 본인이 좋아하던 음식을 올리는 것이 당연했지만, 태종은 고민에 빠졌다. 죽은 성녕대군이 좋아했던 음식이 쇠고기였던 것이다.

"평소에 쇠고기를 좋아했으니 제사상에 두고 싶은데 그게 굉장히 크니 가볍게 쓸 수 없겠다. 잔치가 있거나 종묘에서 제사할 때 하는 게 좋을까?"

이런 순간에까지 소를 잡는 걸 부담스러워했던 데에서 과연 한 나라의 임금답다고 해야 할까. 신하들은 잠자코 맞장구를 쳤지만, 그것만으로는 여전히 찜찜함이 남은 모양이었다. 아무렴 죽은 자식을 위한 일인데 뜸하게 오는 잔칫날까지 기다린단 말인가. 그래서 태종은 다시 닭을 올리는 것은 어떠냐고 물었다. 이번에도 신하들이 좋다고 말하자 태종은 몹시 기뻐했다.

"소경공(昭頃公, 성녕대군의 시호)은 닭고기도 좋아했다!"

그래서 닷새에 한 번 닭을 삶아서 제사상에 올리게 했다.

성녕대군의 형이자 우리나라 최고의 성군으로 꼽히는 세종도 고기를 무척 좋아해서 많은 이야깃거리를 남겼는데, 그 동생도 고기를 좋아했다니 역시 가족이다. 하지만 그렇게 잘 먹었으면서도 일찍 죽었으니 천명은 어쩔 수 없었던 것일지도 모르겠다.

그렇다면 당시 사람들은 닭을 어떻게 요리해서 먹었을까. 닭이야 그냥 물 붓고 익을 때까지 끓였을 거라는 생각을 비웃기라도 하듯이, 조선 사람들은 '지금과는 매우 다른' 갖가지 방법으로 닭을 요리했고, 그 개성 넘치는 요리법들이 여러 요리서에 실렸다.

지금과는 달랐던 닭 요리

지금도 그렇지만 조선 시대에도 닭은 가장 흔하면서도 사랑받는 고기였다. 그러다 보니 사람들은 각자 저마다의 방법으로 닭을 요리했고, 참으로 다양하면서도 개성이 넘쳤다. 우리에게 익숙한 방법도 있지만, 저렇게 해도 요리가 될까 싶은 방법들도 있다. 조선 시대의 다양한 닭 요리를 전부 다 소개하는 것은 어렵지만, 그중 가장 눈에 띄는 특징들을 고른다면 다음과 같다.

1. 항아리 찜을 선호한다

오늘날 백숙을 한다면 냄비에 깨끗한 닭을 넣고 물을 붓고 끓이는 요리법이 생각난다. 하지만 조선 시대에는 냄비 대신 항아리에 닭을 넣고 주둥이를 종이로 막고 찌는 방법을 썼다. 어째서 가마솥 대신 항아리를 썼을까? 아무튼 그렇게 항아리에 찌면 푹 익으면서 육즙도 새지 않았을 테니 무척 맛있었을 것이다.

2. 마늘을 넣지 않았다

요즘 백숙이나 삼계탕을 하면 꼭 들어가는 양념이 마늘이다. 냄새를 없애는 데도 도움이 되고, 좋은 맛도 내는 양념이다. 하지만 조선 시대 닭 요리법들을 톡톡 털어 보면 마늘이 통 들어가지 않는다. 마늘은 웅녀가 사람이 되려고 먹은 유서 깊은 식물이건만, 옛사람들은 닭과 마늘은 서로 안 맞는다고 생각했던 듯싶다. 《규합총서》에서는 겨자나 개의 간, 잉어, 파, 오얏(자두), 찹쌀을 닭고기와 먹으면 안 된다는 금기를 기록하고 있다. 찹쌀이 안 된다니 지금 삼계탕이 무색해지지만, 하여간 이러했으니 옛날 닭 요리에는 찹쌀과 마늘을 집어넣지 않았던 것 같다. 대신 산초, 차조기, 회향, 형개, 도라지를 넣었다. 이렇게 만든 닭 요리는 어떤 맛이었을까?

이렇듯 조선 시대의 닭 요리는 지금 우리 것과 비슷하면서도 참 달랐다. 게다가 현재는 사라진 닭 요리법도 많았다. 그중에서 많이 해 먹었던 레시피 위주로 정리해 보면 다음과 같다.

1. 닭죽

살진 암탉을 손질하여 물을 넣고 푹 퍼지도록 익힌 뒤 살을 발라내고 국물은 체로 걸러 기름과 불순물을 걷어 낸다. 이 국물에 멥쌀(찹쌀이 아니다)과 닭살을 넣어 끓이고, 다 익으면 소금으로 간을 하고 달걀 몇 개를 깨어 넣고 다시 끓인다. 이 요리는 《산림경제》, 《해동농서》에 실려 있는 꽤나 대중적이면서도 간단한 요리법이며, 조선 시대 가장 많은 사람들에게 사랑받은 몸보신 메뉴였다.

2. 오계증

오계, 즉 오골계를 찌는 방법으로, 《주방문》 및 《수운잡방》에도 실려 있어 비교적 대중적인 닭 요리법으로 보인다. 털을 뽑고 내장을 꺼내 깨끗하게 씻은 뒤 다진 쇠고기와 석이버섯, 표고버섯 등을 넣고 양념하여 닭의 뱃속에 집어넣는다. 바늘과 실로 닭을 꿰맨 뒤 장국으로 끓이거나 시루에 쪄 먹는다.

3. 칠향계

이름 그대로 7가지 양념 혹은 나물을 집어넣고 삶은 닭 요리. 《임원십육지》, 《산림경제》, 《정일당잡지》 등 많은 요리서에서 거론된 유명한 요리로, 책마다 조리 방법이 조금씩 다르다. 먼저 닭을 잡아 털을 뽑고 깨끗하게 씻어서 구멍을 내어 내장을

| 칠향계

꺼낸다. 그런 뒤 삶아서 쓴 맛을 뺀 도라지에 생강, 파, 천초, 청장(간장), 식초, 후추, 기름 등 일곱 가지 양념을 섞어 닭의 뱃속에 집어넣는다. 혹은 표고버섯, 박오가리, 순무, 토란, 다시마와 도라지를 넣기도 한다. 이렇게 배를 채운 닭을 항아리에 집어넣고 기름종이로 입구를 잘 봉한 뒤 가마솥 속에 넣어 찐다. 《증보산림경제》에서는 이것이 닭고기 요리 중에서 가장 맛이 좋다고 극찬했다.

4. 팽계법

쌀뜨물로 깨끗하게 씻은 암탉을 쌀뜨물과 함께 질항아리에 넣고 숯불로 천천히 삶아 익힌다. 익으면 꺼내 소금으로 간을 하는데, 간장으로 간하려면 국물이 반쯤 졸아들었을 때 해야 하고, 후추로 마무리 짓는다. 《산가요록》에 실려 있다.

5. 수증계

| 수증계

'물로 찐 닭'이라는 뜻이며, 《음식디미방》에 실린 굉장히 호화스러운 요리이다. 살진 암탉의 털을 뽑고 뼈마디를 풀어낸 뒤 엉덩이와 가슴살을 두들겨 놓는다. 솥을 달구어 기름을 반 종지 넣고 두드린 고기를 볶아서 익힌다. 그런 다음 물을 가득

하게 부어 끓이되 토란 1되를 썰어 넣어 함께 익힌다. 어느 정도 삶아 지면 고기와 나물을 모두 건져 내고, 남은 국물에 간장을 넣은 뒤 다시 닭을 집어넣어 내장 냄새가 없어지도록 끓인다. 그런 뒤 밀가루를 물에 푼 것과 길쭉길쭉하게 썬 오이를 넣는다. 실파와 부추를 넣고, 나물이 익으면 넓은 대접에 잡채를 벌여 놓듯이 고기 사이에 나물을 드문드문 놓는다. 국물을 떠서 붓고 달걀을 부쳐서 썬 것과 생강, 후춧가루를 같이 뿌린다.

6. 연계찜

연계증이라고도 하며, 《시의전서》, 《음식디미방》, 《주방문》, 《증보산림경제》는 물론, 《조선무쌍신식요리제법》에까지 실린 것을 보면 매우 인기 있는 요리였던 듯하다. 방법은 조금씩 다르지만 《증보산림경제》의 방법은 다음과 같다. 알에서 깬 지 50~60일 정도 된 영계의 뱃속에 다진 쇠고기, 돼지고기, 닭 내장, 된장양념을 섞어 집어넣고 봉한 뒤 물과 밀가루, 기름장을 넣고 끓인다. 닭의 살을 발라 넣고 잣과 달걀지단을 올린다. 이때 죽순이나 연뿌리를 넣으면 더 맛이 좋다고 한다. 또는 표고, 느타리, 석이버섯, 파를 넣고 갖은 양념을 한 뒤, 밀가루 물을 풀어 넣고 갈비찜처럼 찐다.

7. 초계법

《산림경제》에 수록된 요리법이다. 살진 닭을 깨끗하게 씻고, 가늘게 썬 파와 소금, 참기름을 달궈진 솥에 넣어 재빨리 지진다. 어느 정도 익으면 감청장과 후추, 천초가루, 물을 넣어 잘 섞은 뒤 솥에 집어넣고 익을 때까지 삶는다. 좋은 술을 살짝 넣으면 더 맛이 좋다고 한다.

8. 늙은 닭 삶는 방법

조금 의외의 사실이지만 닭의 수명은 수십 년에 달한다. 연한 고기를 먹으려고 생후 50~60일이 된 영계를 먹지만, 옛날 사람들은 언제나 그렇게 먹기도 어려웠을 테니 몇 년, 아니 몇십 년 묵은 늙은 닭을 잡아먹는 날도 있었을 것이다. 그런 닭들은 당연히 매우 질기고 뻑뻑했고, 특히 수탉이라면 더욱 심했다. 그래서 조선 사람들은 그런 닭도 맛나게 먹고자 지혜를 짜냈다. 《산림경제》와 《농정회요》에서는 늙은 닭을 삶을 때 앵두나무 가지를 교차시켜서 솥 안에 놓고, 그 위에 닭을 올려두면 살이 말랑말랑하게 잘 삶아진다고 했다.

9. 닭 구이

모든 닭을 물에 삶거나 찐 것은 아니었으니, 《산림경제》에는 닭구이도 실려 있다. 살진 암탉의 털을 다 뽑고 손질하여 내장을 꺼낸 다음, 청장과 참기름을 뱃속에 넣고 가른 배를 다시 봉한다. 눅눅한 볏짚으로 닭을 칭칭 감싼 뒤 물에 담갔다가 모닥불 속에 통째로 묻어 둔다. 한 시간쯤 지나 볏짚을 벗겨 내고 재를 털어 다 익었으면 소금을 곁들여 먹거나, 기름과 장을 살짝 발라 잠깐 더 굽기도 했다. 하지만 오래 구우면 도리어 맛이 없다는 주의사항을 함께 적고 있다.

10. 유전계법

흔한 요리법은 아니었지만, 이것이 조선 시대의 닭튀김이다.《오주
연문장전산고五洲衍文長箋散稿》에 나오는 요리법으로, 참기름에 튀기는 것
이다. 먼저 닭을 뜨거운 물에 데쳐 털을 뽑고 내장을 뺀다. 그다음으로
소금을 뿌리고, 참기름에 튀긴 뒤 기름을 뺀다. 현대인의 상식으로는
참기름을 양념이 아니라 튀기는 데 쓰는 것이 생소하게 느껴지겠지만,
지금도 일본에서는 고급 튀김을 참기름으로 튀기기도 한다. 다만 이때
의 참기름은 매우 질이 좋은 것이어야 하니, 우리나라의 흔하게 파는
참기름으로는 불가능한 요리의 영역이라고 하겠다.

이 외에 동아찜, 열구자탕, 용봉탕 같은 고급스러운 음식에도 닭은
부재료로 빠짐없이 들어갔으니, 닭은 진실로 국민 혹은 백성고기였던
셈이다.

그러면 사람들은 언제 닭 요리를 가장 많이 먹었을까? 역시나 몸보
신을 해야 할 때 가장 즐겨 찾았다.

정약용,
연포탕의 추억

정약용이 아직 젊었을 때, 친구들과 함께 절에 놀러가서 연포탕을
먹은 적이 있었다. 지금이야 연포탕이라면 낙지연포탕이 제일 유명하

주사위처럼 두부 끊으니 네모가 반듯한데
떠싹으로 꼬치를 꿰어라 긴 손가락 길이만 하게
뽕나무 버섯 소나무 버섯을 섞어 넣고
호초와 석이를 넣어 향기롭게 무치어라.
다리 없는 솥에 담고 장작불을 지피니
거품이 높고 낮게 수다히 끓어오르네.
큰 주발로 하나씩 먹으니 각기 만족하는구나.

지만, 조선 시대 연포탕의 재료는 닭과 두부였다. 그래서 정약용은 이 요리의 이름을 죽숙유鬻菽乳라고 적었다. 숙유는 두부의 다른 이름이니, 정약용은 이것이야말로 두부의 진정한 이름이라고 주장했다.

아무튼 이날의 연포탕 나들이는 굉장히 성대한 것이었다. 정약용뿐만 아니라 네 친구가 함께 모였고, 각 집에서 각각 닭 한 마리를 내련해서 무려 다섯 마리의 닭으로 요리했다. 이것만으로도 호사스러운데, 절에서 두부까지 얻었다. 원래 승려들은 살생을 안 하고 채식을 하다 보니 절의 주메뉴는 채식이었고, 그중에서도 두부가 가장 별미였다. 이 두부에 맛을 들인 양반들은 산속의 절을 찾아가서 승려들에게 두부를 만들게 해 갈취해 가기도 했다. 뿐만 아니라 승려들에게 닭을 잡게 하거나, 가마를 들게 하는 등 아예 종 부리듯이 부려먹는 경우도 있었다.

그나마 정약용 일행은 양심적이었던 것 같다. 최소한 승려들에게 고기를 요리하게끔 하진 않았으니까. 젊은이들은 손수 고기를 썰어다가 솥에 담고 장작불을 지폈다. 그리고 네모나게 자른 두부를 썰고, 손가락 길이만 하게 썰어둔 석이버섯, 송이버섯과 후추를 넣고 무쳤다. 여기서 말하는 젊은이란 과연 정약용

|연포탕

일행인지, 아니면 그들의 몸종인지 알 수 없다. 어쩐지 미래의 농사꾼 정약용이라면 적어도 옆에서 자세히 관찰 정도는 했을 것 같지만.

그러면 과연 정약용이 먹은 연포탕은 어떤 요리였을까?《산림경제》에는 바로 이 연포탕이 소개되어 있는데, '거품이 끓어오르는 국'이라는 뜻으로 연포갱軟泡羹이라고 적었으며, 만드는 법도 자세하게 실려 있다.

1. 닭을 깨끗하게 씻고 쇠고기는 핏기를 빼서 함께 솥에 넣고 물을 부어 푹 삶는다.

2. 두부는 단단히 눌러 준다. 연한 두부면 모양이 흩어질 수 있어서 그럴 것이다.

3. 두부를 길이 8~9푼, 너비 2~3푼이 되게 썰어 소금을 잠깐 뿌려 두었다가, 숯불 위 솥뚜껑에 기름을 두르고 앞뒤로 지져 낸다.

4. 삶은 쇠고기는 따로 두고, 두부를 국물에 넣는다.

5. 밀가루를 풀어 넣고 달걀도 풀어 섞는데, 급히 휘저어서 골고루 섞이게 한 뒤 여러 번 끓여 맛이 어우러지게 한다.

6. 닭고기는 가늘게 찢어 넣고, 달걀은 흰자와 노른자를 각각 지단으로 부쳐 채를 썬다.

7. 사발에 국을 담고 찢어 둔 닭고기와 지단을 가득 넣은 뒤 천초와 후추를 뿌린다.

8. 대꼬챙이에 두부 3~4조각을 꿰어 꼬치를 만든 뒤 국물에 담근다.

이렇게 보면 역시 중요한 재료는 닭과 두부다. 쇠고기는 잠깐 국물을 내는 데 들어갈 뿐이다. 손이 많이 가기도 하지만 확실히 굉장한 별미였을 듯하다. 닭도 닭이거니와, 이때의 두부는 절에 가야만 먹을 수 있었던 특별한 음식이었던 탓이다.

> 주사위처럼 두부 끊으니 네모가 반듯한데
> 띠싹으로 꼬치를 꿰어라 긴 손가락 길이만 하게
> 뽕나무 버섯 소나무 버섯을 섞어 넣고
> 호초와 석이를 넣어 향기롭게 무치어라.
> (……)
> 다리 없는 솥에 담고 장작불을 지피니
> 거품이 높고 낮게 수다히 끊어오르네.
> 큰 주발로 하나씩 먹으니 각기 만족하는구나.

이날의 연포탕은 참으로 진미였는지, 정약용은 이처럼 자세하게 자기가 먹은 요리의 재료와 모양새를 이야기했고, 그와 동시에 이곳의 얕은 산골과 너른 강물에 은거하고 싶다고 시를 읊었다. 그만큼 즐겁고, 또 요리가 맛있었기 때문이 아닐까.

하지만 레시피를 흘낏 보아도 오래 요리해야만 했고, 두부라는 음식 자체가 콩을 갈아 끊이고 굳혀야 하는 것이다 보니 금방 요리가 완성되지는 않았을 것이다. 두부를 만들고 닭도 잡고 국도 끊여 오래오래 기다린 끝에 마침내 받아들게 된 연포탕 한 그릇은 얼마나 보람차고도 맛있었을까.

마늘 없이 끓여 비린내가 남아 있을지도 모르는 백숙에 달걀을 잔뜩, 거기에 두부까지 넣었으며, 천초 양념이 들어가서 어떤 맛일지 솔직히 상상이 가지 않긴 하지만 말이다.

그런데 닭은 닭만으로 먹는 게 아니었다. 지금 치킨에 맥주가 함께 하듯이, 닭에는 환상의 짝꿍이 있었으니, 바로 술이었다. 조선 사람들은 보통 삶은 닭에 탁주(막걸리)를 곁들였다. 앞서 잠깐 이야기한 대로 먼 데에서 온 손님을 맞이할 때도, 이미 이 세상을 떠난 그리운 사람을 위한 제물로도 말이다.

그래서 옛 시에 닭이 나온다면, 바늘 가는 데 실 가듯이 술 이야기도 꼭 등장한다. 목은 이색을 비롯한 수많은 시인들이 닭과 술을 영접하는 영광을 시로 노래했다. 그중 특히 맛깔나게 술과 닭의 시를 쓴 사람은 역시 맛의 대인인 서거정이다. 그는 닭을 삶아 동네 노인과 술을 양껏 퍼마시기도 하고, 친구가 찾아오자 닭을 쪄 신나게 먹고 시까지 남겼다.

기나긴 날 서재에 가부좌하고 앉았다가
長日幽齋坐結趺
그대 찾아와 함께 즐기게 됨이 기쁘구려.

주모가 국자로 막걸리를 뜨고 있다. 당시 음식을 먹을 때 장소를 불문하고 빼놓지 않은 것이 술, 즉 막걸리였다. (김홍도, 《단원풍속도첩》 중 〈주막〉, 국립중앙박물관)

喜君來訪得開娛

삶아 익힌 노란 닭은 집어 먹을 만하고

黃鷄烹熟堪垂筯

향기로운 동동주는 술병에 가득도 해라.

綠蟻新香已滿壺

또 다른 시에서 서거정은 시냇가에 앉아 '간단하게' 술 두 병을 비우면서 안주 삼아 고깃국도 먹고(아마도 닭고깃국일 것이다), 생선회도 곁들여 진탕 먹은 끝에 닭 갈비뼈를 조금 남기고 끝내기도 했다.

지는 해는 점차 저녁 물가를 내려가는데

落日看看下晚汀

거나하여 서로 권해라 굳이 깰 필요 없네.

半酣相勸不須醒

닭고기는 쟁반에 누런 갈비 두 대만 남았고

鷄餘盤上兩黃肋

백사장 머리에서 하얀 술병 두 개를 다 마셨네.

酒盡沙頭雙白瓶

여기서 말하는 갈비는 바로 닭갈비, 정확히는 계륵鷄肋으로, 《삼국지》에서 조조의 일화로 유명하다. 촘촘한 갈비뼈 사이에 박혀 있는 고깃살들을 버리자니 아깝고, 먹자니 번거로운 부위인 것이다. 그것만 두 쪽 남았다는 것은 나머지 먹기 편한 부분을 야무지게 다 먹었다는 말이 아니겠는가. 게다가 당시의 술은 곡물로 빚은 것이니 꽤나 먹으면 배가 부를 것인데, 그러고도 회에 닭 한 마리, 고깃국까지 먹었으니 서거정이 상당한 대식가이거나 아니면 분위기에 취해 과식을 했던 모양이다.

서거정은 늘 고기를 먹는 건 자신의 일이 아니며 채식을 좋아한다고 주장했지만, 실제로는 게도 먹고 회도 좋아하고 닭도 신나게 먹었다. 이쯤 되면 잡아떼는 것도 정도가 있다. 차라리 솔직하게 고기도 좋아하고 채소도 좋아한다 하면 될 것을. 야담에서 어릴 때 친구였던 김시습에게 권력에 빌붙었다고 비웃음을 당하고도 아무 말도 하지 못하던 그의 모습을 생각하면 나름대로 어울리는 이중적인 모습이기는 하다.

나 아닌 손자를 위해 닭을 잡는다, 닭곰탕

요즘도 아픈 사람의 건강 회복을 돕는다며 삼계탕이나 백숙을 준비하는 경우가 꽤 있는데, 이는 조선 시대에도 마찬가지였다.

앞서 조선 시대의 닭 요리 레시피를 보면, 가장 무난하면서 간단한 것은 역시 닭죽이었다. 이것저것 다양한 재료 없이 일단 닭을 물에 넣고 오래오래 끓이다 멥쌀을 좀 넣고, 달걀을 풀어 넣기만 하면 되었다.

그러니 영양은 만점이고 소화에도 좋아 몸이 안 좋은 이들에게 참 좋았다. 이덕무도 그의 책에서 '계고鷄膏, 닭곰탕을 먹으면 허기를 보태 준다'라는 언급을 했다. 특히나 천연두를 앓아 기운이 없는 아이에게 먹여야 한다며, 금기니 뭐니 해서 이걸 안 먹이면 오히려 죽을 것이라고 경고했다.

오래전 책 중에서《내 영혼의 닭고기 수프》라는 힐링 서적이 있었던 것을 본다면, 몸보신이나 회복에 닭을 찾는 것은 동서양 공통인 것 같다. 아무래도 닭이 가장 쉽게 취할 수 있는 단백질원이기 때문에 그런 것이겠지만. 아무렴 어떤가, 맛있고 몸에 좋으면 그만이지. 이제까지 닭고기 곰탕 혹은 닭죽이 얼마나 많은 이들의 원기를 북돋워 주고 생명을 살렸는지 오로지 닭의 신만이 알 것이다.

영조 시기에 성균관에서 공부했던 황윤석이 쓴《이재난고頤齋亂藁》를 보면, 병으로 죽어 가다가 닭국을 먹고 살아난 경험을 적고 있다.

성균관에서 공부하는 사람들은 보통 기숙사 생활을 했지만, 그게 번거롭고 불편한 사람들은 근처 반촌의 집에서 하숙을 했다. 황윤석도 반촌에서 살았는데, 하루는 심하게 배탈이 났다. 그런데 성균관의 출석은 학생식당에서 밥을 먹는 것으로 했고, 밥 먹은 숫자가 모자라면 과거시험을 볼 수 없었기에 아픈 몸을 이끌고 억지로 식당에서 밥을 먹어야 했다. 당연한 수순으로 더욱 탈이 났다. 결국 급하게 닭을 구해 하숙집에 요리를 부탁했고, 그렇게 만들어 온 닭국을 먹고 기운을 차렸다. 그렇다면 진실로 사람을 구救하는 닭 요리라고 할 수 있지 않을까.

닭국을 먹는 것은 양반만이 아니었다. 《일성록日省錄》에는 전국 각지에서 벌어진 살인 사건을 공초한 기록이 있다. 그중 낙안에서 한 여인이 발에 차여 앓다가 죽은 사건에 닭죽에 대한 기록이 나타난다. 범인이 누구인지 밝혀내는 와중, 진범이 자기 대신 누명을 쓰고 공초를 당한 사람에게 닭죽을 전해 줘 먹였음이 밝혀진 것이다. 기록이 너무 간략하다 보니 자세한 사건의 내막은 알 수 없지만, 아무래도 진범이 양심의 가책 때문에 대신 고문을 당한 억울한 사람에게 닭죽을 준 게 아니었을까. 아무튼 이런 일로 정조는 철통같이 사건을 심판하게 되었으니, 그건 아마도 그 자신과 닭과의 인연 때문일지도 모르겠다.

영조 34년(1758) 1월, 추운 날씨 덕에 영조의 몸이 한참 좋지 않았다. 당연히 신하들은 몸보신 요리를 권했으니, 그게 바로 계증雞蒸, 곧 닭찜이었다. 하지만 영조는 거절했다.

"가축들이 뛰노는 걸 보면 언젠가는 사람의 먹거리가 될 걸 생각해서 측은했는데, 이미 삶아 놓았는데 내가 안 먹으면 어떻게 해? 내가 이미 먹기 싫은데 왜 닭을 죽이나?"

이 말을 두고 사관은 참으로 아름다운 말이라고 치켜세웠다. 하지만 따지고 보면 영조는 고기를 잘 안 먹은 게 장수의 비결이라고 이야기할 만큼 풀밭에 가까운 수라상을 받기는 했다. 늘그막에 회나 전복을 먹었지만, 보통 다섯 번을 받는 수라상을 세 번으로 줄이고 한 번 입고

┃ 닭과 개는 조선 시대 사람들이 흔하게 기르고 먹었던 고기였다. (필자 미상의 풍속화, 국립중앙박물관)

버리는 임금의 옷도 무려 빨아(!) 입었던 그였으니, 닭고기를 먹는 것도 낭비라고 생각했을 수도 있다.

하지만 이런 영조도 기꺼이 닭을 잡은 일이 있었다. 바로 눈에 넣어도 아프지 않을 후계자, 즉 세손을 위해서였다.

영조 49년(1773) 9월. 세손 그러니까 훗날의 정조는 크게 앓았다. 입맛이 뚝 떨어졌는지 밥을 며칠째 제대로 먹지 않았고, 덕분에 힘이 빠져 앉는 것도, 눕는 것도 자기 힘으로 하기 어려울 지경이었다. 당시 영조는 이미 79세의 노인이었고, 세손은 하나뿐인 후계자였다. 또한 굳이 그 문제가 아니더라도 손자가 아픈데 어찌 할아버지가 걱정이 없겠는가. 영조는 의관을 시켜 세손을 진찰하게 하고, 몸소 치료법을 의논했다.

"증세는 다름이 없지만 밥 드시는 것을 싫어하시기 때문에 원기가 부족하니 닭곰탕을 들이는 게 좋겠습니다."

그러자 영조는 기꺼이 닭을 잡아 손자에게 먹이도록 했다. 젊은이 기운으로도 제대로 앉고 눕는 것이 어렵다니 정말 심하게 앓는구나 걱정하면서. 하지만 정조가 밥을 잘 안 먹는 것은 이미 자주 있던 일이었으니 속병이 생기는 것도 어쩔 수 없었으리라.

"닭곰탕은 잘 마시던가?"

영조가 걱정을 하자 의관은 답했다.

"청장淸醬으로 간을 맞춘 것이라 잘 드셨습니다."

하지만 영조의 걱정은 쉽게 가시지 않았다.

"그 맛이 비릴 텐데 어떻게 마시겠나. 내 생각에는 안 먹을 것 같은데."

왜 닭곰탕이 비릴까 의문도 들겠지만, 당시에는 비린내를 없애 주는 마늘이 들어가지 않았다는 것을 생각하자. 덧붙여 환자식이다 보니 자극적인 양념인 후추도 넣지 않았을 것이다. 그러니 자칫하면 생닭 비린내가 창궐하는 국물요리가 될 수 있을 터. 하지만 신하들은 닭곰탕이 담백하니까 잘 먹을 수 있다며 걱정 많은 할아버지 왕을 다독였다.

하기야 만약 정조가 안 먹었다면, 할아버지는 직접 닭국이 가득 담긴 사발을 들고 세손궁으로 쳐들어갔을지도 모르겠다. 아주 먼 옛날, 어머니 원경왕후를 잃고 식음을 전폐했던 세종에게 태종이 직접 죽 그릇을 들고 찾아갔던 것처럼 말이다.

이후로 며칠 동안 세손의 병은 낫질 않았고, 수많은 닭들이 그의 건강을 위해 세상을 하직해야 했다. 그래도 마침내 감기는 떨어졌고, 걱정하던 할아버지는 "닭곰탕을 잘 먹는다니 기특하다."라며 손자를 칭찬했다. 그때 정조의 나이는 21살이었지만, 할아버지에게 손자는 언제나 아이인 법이다.

그런데 정조가 먹었던 이 닭곰탕은 과연 어떤 요리였을까? 정확한 요리법은 전하지 않지만, 아무래도 궁중의 닭곰탕이니 지금 우리가 아는 것과는 달랐을

것이다.

그로부터 3년 뒤, 혜경궁 홍씨가 병을 앓자 이제는 나라의 왕이 된 정조가 닭곰탕을 올리게 했는데, 이것은 씨를 뺀 산사나무 열매와 사군자육使君子肉을 듬뿍 넣고 달인 것이니 음식이라기보다는 약에 가까

신조 시절 경수연의 모습을 그린 그림의 일부로, 요리하는 숙수들의 모습을 볼 수 있다. (〈선묘조제 재경수연도〉, 고려대학교박물관)

웠던 것 같다. 이로써 혜경궁 홍씨도 자리를 털고 일어났으니, 확실히 효험은 있었나 보다.

닭곰탕의 전설은 여기에서 끝나지 않는다. 그로부터 또 먼 훗날, 정조의 손자인 헌종이 심하게 천연두를 앓았을 때도 다시금 닭곰탕鷄膏이 등장했다. 그렇잖아도 손이 귀한 조선 왕실이었는데, 헌종의 병세에 차도가 없자 모두들 걱정만 하고 있었다. 이때 외할아버지인 풍은 부원군豊恩府院君 조만영趙萬永이 나서서 닭곰탕을 올렸다. 하지만 궁인들이 반대하고 나섰으니, 천연두에 닭이 안 좋다는 미신 때문이었다. 앞서 이덕무가 그 때문에 천연두 앓는 아이들이 몸이 약해져 죽는다고 한탄하지 않았던가. 하지만 조만영은 호통쳐서 궁인들을 쫓아내고 손수 닭곰탕을 임금에게 올렸고, 헌종은 다행히 회복했다고 한다.

이처럼 조선 시대부터 지금까지, 맛난 술안주부터 아픈 몸을 낫게 하는 보약까지, 또 위로는 임금부터 아래로는 가난한 백성에 이르기까지, 닭은 훌륭한 식재료로써 인간과 함께 해 왔다.

이제 수많은 닭들의 숭고한 희생을 기억하며 밥상 앞의 치킨을 엄숙하게 맞이해야 할 듯도 하다. 앞으로도 닭에게 영광이 가득할 것이니!

| 요리를 사랑한 남자들 |

•정약용 丁若鏞, 1762~1836

정약용은 굳이 이야기하자면 숨은 강자였다. 대놓고 먹는 것과 맛에 집착하지는 않았지만, 그렇게 평생에 걸쳐 먹거리들을 끊임없이 읊어 댄 사람이 맛을 즐기지 않았을 리 없다. 그의 식생활은 전반부와 후반부로 나누어진다. 전반부는 젊어서 공부를 시작하여 정조의 귀여움을 받아 임금님이 내려 준 반찬도 가끔 받아 보고, 형님, 친구들과 함께 놀며 잘 먹고 잘 살았던 시기였다. 후반부는 정조가 승하하고 신유박해의 된서리를 맞아 귀양을 가서 고생하던 시절이다. 젊었을 때야 온갖 좋고 맛있는 것들을 먹고 재미나게 놀며 행복하게 살았지만, 귀양살이 시절에는 한껏 고생하면서 스스로 농사도 지어야 했다. 직접 참외를 키워 가며 고생하던 그는 된장까지 자기 손으로 담근 듯도 하다. 그렇지 않고서야 어찌 이런 시를 지었겠는가.

간맞춤도 가난해 쉽지 않으니
곤궁한 생활 형편 과연 어떤지
작약을 써서 된장의 맛을 내고요.
조롱박에 흰 소금 걸러낸다네.

조선 후기, 아니 조선을 통틀어 가장 위대한 학자로 꼽히며 그를 연구하는 다산학이라는 학술 분야마저 있는 지금을 생각하면, 힘들게 밭을 갈며 된장을 빚는 그에게 맛있는 생선회에 반찬을 차려 주고 싶은 것이다.

•세종대왕 이도 世宗大王 李祹, 1397~1450, 재위 1418~1450

세종의 이름이 여기에 올라온 이유, 그건 고기 때문이다. 고려 말과 조선 초기를 아우른 풍운아 태종은 살아생전 신하들에게 각별하게 명령을 내린 바 있었다.

"내가 죽은 뒤 주상의 밥상에 꼭 고기를 올려라."

그러면서 젊은 시절 세종이 고기반찬이 없으면 밥을 안 먹는 편식을 벌였음을 국가 공식 기록으로 인증까지 했다. 이 때문인지 세종이 선농단에서 농사짓다가 먹을 게 없어서 소를 때려잡아 설렁탕을 만들었다는 전혀 사실이 아닌 누명을 쓰기까지 했다.

그러나 세종의 위대함은 맛있는 걸 혼자 먹지 않고 모두 다 함께 먹으려 했다는 데있다. 그는 왕자 시절부터 배급을 못 받아 굶주린 백성들의 하소연을 태종에게 전했으며, 일이 있을 때마다 나라의 돼지나 닭들을 백성에게 나눠 주어 키우면서 먹을 수 있도록 애썼다.

정작 세종 자신은 부모님이 돌아가셨을 때나 가뭄이 들면 고기를 거부했는데, 그러면 신하들이 몰려와 임금님 밥상에 고기를 올리게 했다.

좋게 말한다면 칠삭둥이로 태어나 허약했을 세종이 정열적으로 나라 일을 추진할 수 있었던 것은 역시나 고기의 힘이 아니었을까 한다. 그로 인한 당뇨병 및 눈병은 부작용이긴 했지만 말이다.

쇠고기

조 선 시 대 의 금 육

사람마다 기호가 조금 다르지만, 역시 고기의 왕은 쇠고기가 아닐까? 맛있기도 하고 비싸기도 하니까. 본래 소는 인간이 문명을 일궈 온 이래 노동력을 제공하고, 죽어서는 가죽을 남기며, 고기와 뼈는 먹을 수 있는 전천후 동물이었다. 특히 농기계가 발명되기 전까지 소는 농사에서 가장 중요한 도구였다. 밭을 갈거나 연자방아를 돌리고, 무거운 수레를 끄는 등 사람 여럿이 매달려서 간신히 할 수 있는 일을 소 한 마리가 너끈하게 해낼 수 있었다. 그러니 다른 농기계가 없던 시절, 소는 말 그대로 전천후 농기계였다. 지금이야 소를 젖소와 육우로 나누지만, 옛날에는 또 다른 분류가 있었으니 일하는 소, 곧 농우農牛였다. 《동국이상국집東國李相國集》에 실린 이규보의 시를 보면 소가 얼마나 옛사람들의 생활에 유용했는지 여실히 느낄 수 있다.

소는 커다란 밭을 능히 가니
牛能於甫田
많은 곡식을 키워 낸다네.
耕出多少穀
곡식이 없으면 사람이 어떻게 살까?
無穀人何生
사람의 목숨이 여기에 달렸다네.
人命所自屬
또 무거운 짐을 운반하여
又能馱重物

┃ 소는 조선 시대 농사를 짓는 데 있어 없어서는 안 될 동물이었다. (김홍도, 《단원풍속도첩》 중 〈논갈이〉, 국립중앙박물관)

사람 힘이 부족한 것을 대신해 주는구나.

以代人力疲

비록 이름이 소라 하여

雖然名是牛

비천한 가축으로 보아서는 안 될 걸세.

不可視賤畜

임금님 몰래 먹는 쇠고기

이렇게 귀중한 소이거늘, 고기를 먹겠다고 함부로 잡는다면 당연히 농사일에 많은 지장이 생기게 된다. 그래서 조선 왕조는 아예 소의 도살을 금지하는 것을 법으로 정했고, 이를 어기는 자들을 엄격하게 처벌했다. 그리하여 조선 시대 때 쇠고기의 다른 이름은 금육禁肉이었으니, '먹는 게 금지된 고기'라는 뜻이다. 하지만 이런 이름이 무색하게끔 조선 사람들은 신나게 쇠고기를 먹었다.

그래서 유만공의 시 〈세시풍요歲時風謠〉에는 '가게의 풍성한 음식을 흐뭇하게 바라보니, 이곳저곳에 다리 부러진 소가 참으로 많구나'라는 시구가 있다. 다리가 부러져서 치료할 수 없다는 핑계를 대고 멀쩡한 소를 잡아 먹은 세태를 풍자한 것이었다.

그랬기에 좀 생각 있고 양식 있는 사람들은 쇠고기 먹기를 거부했고, 그러는 한편 어떻게 감히 쇠고기를 먹을 수 있느냐고 분개하곤 했다. 맛을 즐기는 데 한가락 하던 이규보도 친히 〈쇠고기를 끊다斷牛肉〉라는 시를 짓기도 했다. 물론 쉽지는 않은 일이었고, 그는 한동안 고기를 눈으로 보면 어쩔 수 없이 먹게 되는, 식욕과의 치열한 내적 갈등을 겪었다. 하지만 마침내 고기를 보고서도 먹지 않는 경지에 도달하게 되어 기뻐하며 시를 지었으니, 그것이 바로 이 장의 처음에 소개한 소를 찬미하는 시 〈쇠고기를 끊다〉였다.

하지만 이규보를 능가하는 금육의 대가가 있었으니, 바로 조선을 대표하는 성리학의 양대 산맥 중 한 명 율곡 이이였다. 그는 쇠고기에는 입도 대지 않는 대신 나물 및 채소를 매우 좋아했고, 손수 바구니를 들고 다니며 갖가지 나물들을 따다 그득히 담으며 그 맛을 즐겼다. 그 옛날에 채식이라니! 혹시 젊은 시절 잠깐 불교에 발을 담갔던 영향이 아닐까 생각되지만, 이이의 깐깐했던 천성을 생각하면 나라 경제의 기반이 되는 소를 먹느니 투철하게 나물을 씹는 쪽이 훨씬 어울리기는 하다.

문제는 그의 제사를 지낼 때였는데, 훗날 율곡 이이의 서녀는 아버지가 돌아가신 뒤 고기가 없는 제사상을 차리느라 고생했다는 뒷이야기가 전한다. 채식이란 게 마냥 좋은 것만은 아닌 모양이다.

이런 몇몇 경우를 제외하고 쇠고기는 조선인의 식생활에서 빠지려야 빠질 수 없는 식재료였으니, 그 첫 번째 이유는 제사였다.

쇠고기는 제수 품목 중에서도 첫 번째로 꼽히는 것이어서 언제든 쇠고기의 수요는 있었다. 스승 송시열과의 회니시비懷尼是非로 유명한 윤증의 《명재유교明齋遺稿》를 보면, 쇠고기 때문에 아들에게 잔소리를 한 일이 있었다. 윤증이 잠깐 외지에서 지내다가 제사 때가 되어 아들에게 제사 품목을 보내라고 했는데, 그중 쇠고기가 섞여 있었다. 이걸 확인한 윤증은 깜짝 놀라 아들에게 편지를 보냈다.

> 쇠고기는 금령을 범한 것이라 마음이 편하지 못하다. 그렇지만 이것
> 으로 자수하는 것은 매우 불가능하니……. 앞으로 다시는 금령을 범
> 하지 않아야 한다.

아들로서는 아버지를 걱정해서 좋은 것을 드시라고 일부러 신경을 써서 보낸 것이리라. 하지만 윤증은 거듭 편지를 보내며 '왜 이렇게 쇠고기를 많이 보냈어!'라며 펄쩍 뛰었다. 앞서 말했듯이 쇠고기는 금지된 고기였으므로, 나라의 법을 어긴 것이었다. 설령 운 좋게 걸리지 않더라도 하늘이 알고 귀신이 아는데 두렵지 않느냐며 꾸중한 뒤 쇠고기를 입에 대지도 않고, 도리어 앞으로는 보내지 말라고 신신당부했다. 윤증이라고 해서 좋은 제사 물품, 좋은 먹거리가 싫은 것은 아니었으

리라. 하지만 그 즈음 과천, 이천 등지의 현감들이 이 때문에 파직당했을 만큼 쇠고기를 먹는 것은 심각한 사회 문제였다. 윤증은 그나마 특이하면서도 매우 양심적인 케이스라고 할 수 있었다.

쇠고기가 조선인의 식탁에서 빠질 수 없는 두 번째이자 궁극적인 이유는 역시 먹기 위해서가 아닐까.《지봉유설》을 보면 '쇠고기는 사람에게 가장 유익하다'라는 말을 하며 쇠고기를 먹어서 80, 90살까지 산 사람들의 이야기를 소개하고 있다. 또한 굳이 오래 살고 아니고를 떠나, 쇠고기의 맛이 가장 큰 인기의 이유였으니. 송시열은 소의 도살을 엄격하게 금지해야 한다고 임금에게 글을 올리면서 이렇게 한탄했다.

> 우리나라 사람의 습성은 쇠고기 맛을 으뜸으로 쳐서 이를 먹지 않으면 못 살 것같이 여기고 있으므로 엄한 금령禁令이 있어도 돌아보지 않고 있습니다.

조선 사람들의 본성이 사악해서 죄를 저지르는 것을 즐거워했을 것 같지는 않다. 굳이 죄가 있다면 맛있는 쇠고기에게 있으리라.

그래서 참으로 많은 이들이 금육을 먹는 것을 서슴지 않았으니, 남이 장군이 그 대표적인 예이다. 그가 더욱 대단했던 것은 평상시가 아니라 무려 국장 때 쇠고기를 먹었기 때문이다. 본디 왕이나 왕비가 세상을 떠나면 나라는 국장을 선포하고, 3년 동안 고기 먹는 것을 금지한다. 잘 알려진 대로 남이는 유자광의 모함 때문에, 혹은 자신의 어리

석음 덕분에 역모죄로
잡히게 되는데, 이때
죄를 더해 준 것은 그의
부엌에서 발견된 쇠고기
수십 근이었다.

　때는 예종의 즉위년, 세조가 죽은
지 채 1년도 되지 않은 시기였다. 그런데 쇠고기를 구한 것
은 남이 본인이 아니라 그의 어머니였다. 남이의 말에 따르면, 본인에
게 병이 있어서 국상 1주일 만에 어머니가 쇠고기를 구해 왔다고 했다.
아들이 아픈 게 안쓰러워 어떻게든 좋은 걸 먹이고 싶었던 모정이라고
생각하기에는 남이의 어머니가 역사적으로 유명한 치맛바람의 소유
자이긴 했지만 말이다. 이 일은 그렇잖아도 예종에게 밉보였던 남이의
죄를 더욱 무겁게 했고, 이로써 남이뿐만 아니라 남이의 어머니까지
처형당했다.

　여기까지만 보면 조선 시대 내내 쇠고기는 입에도 못 댈 무시무시
한 음식일 것도 같지만, 아예 그런 것은 아니었다. 조선 초기에는 달단
화척驤輨禾尺, 이후 신백정新白丁, 그다음으로 반인泮人들이 쇠고기를 전
문적으로 취급했으며, 쇠고기를 파는 가게도 어엿하게 있었다. 쇠고
기를 달아 놓고 판매했기에 현방, 다림방 또는 도사屠肆라고도 불렀다.
현방은 시안市案에 정식으로 등록되지 않은 시전으로 쇠고기를 독점
으로 판매했으며, 도성 근처 왕십리, 의정부, 마포 등에 22개의 현방이

| 소를 끌고 쟁기질을 하는 조선 시대 농민 (양기훈, 〈밭갈이〉, 국립중앙박물관)

있었다. 그러니까 돈만 있으면 쇠고기는 얼마든지 구할 수 있었다.

즉 조선 시대에 쇠고기란 함부로, 혹은 대놓고 먹으면 안 되는 것이었다. 그런데 그렇다고 안 먹은 것도 아니요, 숨어서 먹은 것도 아니라는 점에서 참으로 묘하다.

설하먹적,
물에 씻어서 구워 봅시다

옛사람들은 쇠고기를 어떻게 요리해 먹었을까? 참으로 다양한 방법이 있을 것 같지만, 조선 시대 요리책을 찾아보면 의외로 요리법이 적어서 깜짝 놀라게 된다.

갖은 음식의 요리법이 실린《산림경제》에는 노루 등 다른 고기들 다음으로 간신히 쇠고기 요리가 실려 있으며, 그나마도 요리법이 국, 곰국, 구이, 육포 정도이다.《음식디미방》에도 물고기, 게, 꿩 다음에 '쇠고기 삶는 법' 달랑 하나만이 실려 있다. 지금 고기의 왕으로 각종 고깃집의 첫 번째 메뉴를 장식하고 있는 것에 비하면, 참으로 보잘것없다. 어째서일까? 가장 큰 이유는 역시 몰래 먹는 고기였고, 대놓고 요리법을 만들어 내기엔 사회적인 눈치가 보여서 그랬을 것이다.

그런데 재미있는 것은 그렇게 어렵게 먹은 것치고는 '소를 먹는 방법'이 특출나게 발달해서 그냥 고기만 먹은 것이 아니라 뼈, 내장, 꼬리까지 갖은 방법을 동원해서 삶고 굽고 쪄서 다 먹었다는 사실이다. 몰래 먹긴 해도 있는 걸 모조리 먹어치웠으니, 음지에서 발달한 요리란 이런 것일까?

그럼 이토록 귀한 쇠고기를 가장 고급스럽고도 아낌없이 먹는 법은 무엇일까? 역시 굽는 게 아닐까. 질 좋은 쇠고기를 갖은 방법으로 다듬어서 멋진 요리로 만들어 먹는 방법도 있겠지만, 그거야 궁중이나 대갓집에서나 할 법한 일이다. 국으로 끓이거나 삶는 것은 아무래도 다른 재료도 넣고 국물도 많이 만들어지니 양을 불려서 먹는 방법이다. 그러니까 순수한 고기를 구워서 그것만으로 배를 채우겠다는 것, 그것이 식생활에서는 제일 가는 사치가 아니겠는가.

한편 중국 및 조선에서는 예로부터 가장 맛있는 부위로 소의 염통, 곧 우심牛心을 들곤 했다. 하지만 실제로 염통구이를 먹어 보면 몹시 질기고 잘 씻지 않으면 피 냄새가 진동을 한다. 우심은 '귀하니까' 맛있게 여겨진 것이지, 정말 누구에게나 맛있는 것은 그냥 쇠고기 구이였을 것이다.

쇠고기를 굽는다고 하면 생각나는 메뉴 중 하나는 현대의 불고기다. 달착지근하게 간장, 설탕으로 양념해서 삶아 내듯이 구운 불고기는 입 안에 착착 붙는다. 또한 갈비에 비해 상대적으로 싸기도 하다.

조선 시대에도 이와 비슷한 양념 고기구이가 있었다. 불고기라는 이름은 아니었고, 설하멱적雪下覓炙이라고 했다. 그런데 이 요리의 이름은 시기 및 출처에 따라 달라진다.

설하멱적雪下覓炙 -《산림경제》(1715),《고사십이집故事十二集》(1787)

설하멱雪下覓 -《증보산림경제》(1766),《규합총서》(1815),《임원십육지》(1827)

설화멱雪花覓 -《주찬酒饌》(1800)

서리목雪夜覓 -《조선무쌍신식요리제법》(1924)

설이적雪裏炙 -《해동죽지海東竹枝》(1925)

요리의 이름은 자주 바뀌어도 이름에 꼭 '눈 설' 자가 들어가는 게 이
채롭다. 왜 그럴까?

《송남잡지松南雜誌》라는 책에 따르면, 이 요리는 송나라 태조가 눈 내
리는 밤에 친구를 찾아가 고기를 숯불에 구워 먹은 데서 시작했다고
한다. 하지만 그 출처도, 근거도 분명치 않아 그냥 지어낸 이야기일 수
도 있다. 또 다른 책인《추재집秋齋集》에서는 신라 시대 새해 첫날에 설
하멱적을 먹었다고 말한다. 만약 이것이 사실이라면 신라 때부터 먹었
다는 이야기지만, 자세히는 알 수 없다.

아무튼 설하멱적은 옛날 요리이다 보니 지금의 요리 방법과 많이 달
랐다. 먼저 고기를 구울 때 불판을 쓰지 않고 대신 꼬챙이를 많이 사용
했다. 무엇보다 충격적인 조리 과
정은 고기를 굽다가 물에
씻거나 삶아서 다시 구
웠다는 것이다. 농담
같지만 사실이다.《산
림경제》에서는《거가
필용居家必用》이라는 원나
라 요리책을 인용하여 '쇠고
기 구이는 삶아서 굽는다'라

❙ 설하멱적

는 충격적인 레시피를 소개한다.《규합총서》에는 설하멱적의 레시피기 좀 더 자세하게 실려 있다. 고기는 전골에 넣는 고기보다 더 두껍게 자른다. 이걸 칼로 잘 두들겨 힘줄을 부드럽게 다듬고, 꼬치에 꿰어 기름장에 재워 둔다. 기름장의 재료는 주로 참기름과 간장이었다. 다만 요즘 불고기처럼 설탕 등 감미료는 들어가지 않았다. 굽는 것은 역시 숯불! 강한 불이면 고기가 타 버리니 재를 살짝 덮어 약하게 해서 구우며, 고기가 끓으면 차가운 물에 첨벙 담갔다가(!) 꺼내서 또 구웠다. 이렇게 세 번을 반복한 뒤 기름장에 파, 생강, 후추를 발라 구워 먹으면 아주 맛있고도 연하다고 한다.

현대인으로서는 놀랍기만 하다. 굽다가 삶다가, 대체 어느 장단에 맞추란 말인가. 물론 고기를 물에 담그는 게 아주 이상한 일은 아니다. 만약 국거리나 갈비찜이라면 일부러 피를 빼기 위해 고기를 찬물에 몇 시간씩이나 담가 두니까. 그렇다 해도 굽다가 물에 담그다가 또 굽는 것은 역시나 신기하다. 요즘 고기를 구울 때 상식이라고 한다면 바로 육즙이다. 처음 불판을 뜨겁게 해서 고기를 올려 겉을 바짝 구워 육즙이 빠져나가지 않게 굽는 것이 상식이 아니던가. 그런데 설하멱적은 왜 물에 담글까?

앞서 이야기한 송 태조 전설 외에도 몽골을 비롯한 유목민들의 고기를 굽다가 눈을 묻혀 식힌 뒤 굽는 풍습에서 왔다는 말도 있다. 하지만 물이 워낙 귀해서 고기나 창자를 씻지도 않고 그냥 굽는 현대 몽골 음식을 생각해 보면 언뜻 납득하기는 힘들다.

고기를 물에 씻어서 굽는 이유로 또 하나 생각해 볼 만한 것은 직화 꼬치구이는 불의 세기를 조절할 수 없으니 타지 않게 식히고자 일부러 물에 담갔다는 주장이다. 이건 나름대로 일리 있어 보인다. 불판이 있다면 모서리에 둬서 강한 불길을 피하거나 아니면 가스 불을 낮춰 불을 약하게 할 수 있겠지만, 꼬치는 그럴 수도 없었기 때문이다. 실제로 《산림경제》에서 소개하는 설하멱적에서는 '고기가 탈 수도 있으니까' 불에 재를 약간 뿌려서 구울 것을 강조하고 있으니, 이것이 이 요리의 중요한 포인트가 아닐까.

그럼 이제는 왜 물에 담가서 굽지 않을까? 아무래도 안 담고 구워 먹는 게 맛있거나, 몇 번씩이나 담가서 굽는 게 번거로워서가 아닐까?

그리고 시간이 흘러 차츰 새로운 쇠고기 구워 먹는 법이 나타났으니, 바로 난로회였다. 《동국세시기》는 10월의 풍습으로 난로회煖爐會라는 것을 소개하고 있다. 먼저 쇠고기를 기름, 간장, 계란, 파, 마늘, 후춧가루로 양념한다. 그리고 화로에다 숯불을 피우고, 불판(번철)을 올려놓은 뒤 둘러앉아 구워 먹는 것이다.

추위를 막는 계절 음식이다.

《동국세시기》의 저자는 이렇게 말했다. 이걸 난로회라고도 하고, 난회煖會 혹은 난난회煖煖會라고도 했다. 어떻든 따뜻하게 난로를 피워

놓고 그 주변에 옹기종기 모여앉아 고기를 구워 먹는 것으로, 중국에서 들어온 풍습이라고 한다.《세시잡기歲時雜記》에서는 북경 사람들이 10월 1일 고기를 숯불에 구워 먹으며 술을 마시는 모임을 가졌다고 하고, 남송 시대의 문헌에서도 관리들이 10월, 즉 겨울에 같은 모임을 했다는 말이 나온다. 그러다가 조선 후기 즈음에는 이 땅의 사람들도 난로회를 즐기게 된 것이다.

난로회에서 사용되는 번철은 지금의 불판과는 생긴 게 달랐으니, 전립투라고 부르는 갓 혹은 벙거지 모양으로 만들어진 쇠였고, 이걸 뾰족한 부분이 아래로 가도록 불 위에 올려 테두리 부분에 고기를 구웠다. 그러면 움푹 팬 전립투의 삿갓 부분에 육즙이 모이는데, 여기에 채소를 넣어 삶아 먹었다. 그러니까 고기와 전골의 중간쯤 되는 요리로 보인다. 그리고 조선 사람들은 이 난로회의 맛에 푹 빠져들었다.

눈 오는 밤에 난로를 끼고 고기를 굽는다

국립중앙박물관에 소장된 〈야연夜宴〉이란 그림은 바로 겨울의 난로회를 화폭으로 옮긴 것이다. 눈이 가득 내린 풍경, 찬 겨울바람이 부는 나무 아래 양반과 기생들이 옹기종기 모여 앉아 고기를 구워 먹는다. 말 그대로 겨울의 맛을 담뿍 즐기고 있다. 모두 두껍게 옷을 껴입고 털방석에 앉아 있다. 불판 위에는 고기가 지글지글 구워지고 있고, 사람

난로회 모습 (작자 미상, 〈야연〉, 국립중앙박물관)

들은 젓가락을 들고 고기가 익기를 기다리고 있다. 한 기생은 손수 고기를 들어 옆자리의 양반에게 내밀고 있으니 "어르신, 아~ 해 보세요."라고 말할 것만 같다.

차츰 공기가 차가워지는 날씨, 난로를 끼고 앉아 고기를 구워 먹는다니 마냥 좋아 보이지만, 실제로는 그렇지도 않았던 모양이다. 조선 후기 연암 박지원이 지은 《만휴당기晚休堂記》에서 이야기하는 한겨울의 난회를 보면, 추운 날씨에 방에서 고기를 구우니 맛있고 따뜻했지만 환기 장치가 없다 보니 고기 냄새가 가득 차고 파, 마늘 냄새까지 옷에 배는 등 꽤나 굉장했던 모양이다. 실제로 박지원은 뜨거움과 냄새를 견디다 못해 창가로 도망가기까지 했다고 한다. 또한 뜨거운 국물에 손을 데는 사고도 벌어졌다. 하지만 이런 일쯤은 천하진미인 쇠고기를 맘껏 먹는 것에 비하면 별 것 아니었던 모양이다.

| 밖에서 고기를 구워 먹는 양반들 (성협, 《성협풍속도첩》 중 〈고기 굽기〉, 국립중앙박물관)

이즈음이면 쇠고기를 먹는 것이 법을 어기는 것이라는 죄책감은 찾아보려야 찾아볼 수 없게 된다. 어느 정도냐면, 임금도 신하들과 함께

난로회를 즐기기까지 했으니, 그게 바로 정조였다.

《홍재전서》17권에는 정조가 난로회를 벌인 이야기가 있다. 물론 명색이 임금과 신하인데 어깨를 나란히 하고 동그랗게 모여 앉아 고기를 나눠 먹은 건 아니었겠지만, 아무튼 눈이 펑펑 오는 날 밤, 정조는 난로회를 흉내 내어 숙직하는 신하들에게 먹을 것을 풍족하게 내려주고 친히 사연도 적어 두었다. 그 내용인즉슨, '궁궐의 눈이 만개한 꽃처럼 빛나는 와중' 난로회의 옛이야기를 모방해서 신하들에게 음식을 내려 준 것이다. 후세 사람들을 위한 연구서를 만드느라 맨날 야근하는 처지가 된 규장각을 비롯한 은대(승정원), 옥당(홍문관)의 신하들을 위로하는 것이었다. 물론 밥만 내린 건 아니었으니, 정조는 친히 시구까지 지어 보냈다.

금화전의 경서 해설은 규장에 빛이 나고

金華經說耀奎章

분서의 글 읽는 소리는 옥당에 미치도다.

粉署書聲及玉堂

정조가 시의 처음을 내리자, 당시 숙직 중이던 여러 신하들이 여기에 맞춰 시를 지어 연구聯句, 즉 이어지는 돌림시를 지었다. 워낙 많은 사람들이 참여했으니 여기에서는 숙직한 신하 중 한 명인 참지 정약용이 지은 것만 소개하겠다.

내각의 아전이 와서 기쁜 소식 전하는데
임금 하사 진수성찬 열 사람이 떠멨다나
행여나 늦을세라 바쁘게 뛰어가니
날 기다리던 제공들 그제야 잔 돌리네.
빨간 대추 송편은 꿀로 떡소 넣었다면
푸른 우엉 잘게 썰어 감자와 함께 삶았네.
은풍에서 올린 준시 뽀얗게 서리 앉았고
울산에서 나온 감복 환하게 글자 비추네.
멧돼지 배를 가르고 곰고기를 구웠다면
넙치 말린 포에다가 고등어도 겸하였는데
여러 가지 선미를 다 말하기 어렵구나.

서책을 간행하는 데는 기나긴 해와 함께하고

繡梓共添宮線永

야간의 독서는 매양 종이 울릴 때에 이르네.

燃藜每到院鐘鏜

하지만 이날 이벤트에서 중요한 것은 시가 아니었다. 무엇을 먹느냐가 가장 문제였다. 실제로 정약용은 이날 얻어먹은 음식들이 너무 맛있어서 따로 시를 짓기까지 했다.

눈 오는 밤 내각에 음식을 내려 주시니

雪夜閣中賜饌

공손히 은혜로운 예를 서술한다.

恭述恩例

그날은 눈이 엄청나게 와서 궁궐인데도 산속인지 헷갈릴 정도였다고 한다. 그 와중에 숙직을 하고 있었는데, 정조가 내린 음식이 갑작스럽게 도착했다. 무려 열 사람이 밥상을 떠메고 올 정도의 엄청난 음식들. 정약용이 올 때까지 기다렸던 다른 사람들은 그가 도착하자마자 비로소 술잔을 돌렸다. 이날의 음식은 난로회에 고기만 있었던 게 아니었다. 꿀을 넣은 빨간 대추떡, 감자, 삶은 우엉에 곶감도 있었고, 말린 전복을 불려 설탕, 간장으로 졸인 요리도 있었다. 단백질 메뉴로는 멧돼지고기에 곰고기, 또 넙치포와 고등어까지 있었다. 지금도 돈 주

고 먹기 힘든 진미들이 가득한데, 조선 시대에는 어떠했겠는가. 그리
고 정조가 난로회를 벌인 것은 이 한 번만도 아니었다.

《홍재전서》에 실린 또 다른 시는 정조 5년(1781), 매각梅閣에서 벌인 난
로회를 이야기하고 있다. 5명이 모여서 난로회도 벌이고, 매화를 주제
로 시를 지었으니, 이름 하여 '매각갱재축梅閣賡載軸'이었다. 이렇게 실컷
놀고는 다시 꽃이 피면 모여서 연회를 벌이기로 약속했고, 그렇게 했다
고 한다. 매화가 흐드러지게 핀 와중, 임금과 신하가 나란히 앉아 젓가
락을 놀려 가며 고기를 구워 먹고 시를 짓다니 진실로 신선놀음이 아니
었을까. 이때 참여한 5명이 과연 누구였을지 궁금한 것은 차치하고, 정
조에게는 참으로 지극한 즐거움이었으리라. 맨날 소화불량으로 죽을
먹었던 정조가 몸소 고기를 먹었을 정도이니 말이다.

그래서 말인데, 이즈음에 소를 잡으면 안 되는 법이 아예 없어졌냐
하면 그건 또 아니었다. 정조 2년(1778)만 해도 정조의 이복동생이자 사
도세자의 서자인 은언군 이인이 몰래 소를 잡아 고기를 팔아 댔다가
붙잡혀 벌금을 물게 한 일이 있었다.

"내 얼굴을 뜨겁게 하니 너무 부끄러워 할 말이 없다."

정조는 동생의 일을 두고 이렇게 말했지만, 정작 당사자는 신하들과
즐겁게 쇠고기를 구워 먹었으니 할 말이 없는 지경이다. 대놓고 먹을
순 없다 해도, 이미 고기 맛을 알게 된 사람들은 먹는 것을 멈출 수 없
었으니. 이제 원하기만 하면, 또 돈만 있으면 얼마든지 쇠고기를 사 먹
을 수 있는 세상이 되어서 참으로 다행이다.

가장 대중적으로
즐긴 음식

개고기

옛 사람들이 즐겨 먹었던 요리 중에서 대표적인 것 하나를 고르자면 가장 첫 번째는 보신탕, 정확히 말하면 개고기 요리다. 조선 시대의 개고기 요리는 개장이라고 했으며, 이를 한자로는 가장家獐이라고 썼다. 일견 '집 가' 자에 '노루 장' 자이니 엉터리로 아무렇게나 만든 단어 같다. 하지만 뜻을 곱씹어 보면 일리가 간다. '집에서 키우는 노루'라는 뜻이 아니겠는가. 공교롭게 노루와 개는 고기에서 나는 냄새가 심한 것으로 유명해서 이 냄새를 어떻게 잡느냐가 요리의 관건이라는 공통점도 있고 말이다.

요즘은 여러 가지 이유로 보신탕이 호불호가 갈리는 음식이지만, 그 옛날에는 단백질 섭취원으로 개가 가장 편리했을 것이다. 소는 농사 밑천이다 보니 함부로 잡아먹을 수 없었고, 돼지 역시 마찬가지였다. 부자라면 모를까 가난한 이들에게는 닭을 잡을 때도 많은 용기가 필요했다.

그러니까 가난한 사람들에게는 지나가던 개가 가장 손에 넣기 용이했던 몸보신 식재료였던 것이다. 그래서 개고기는 아주 옛날부터 참으로 많은 사람들이 좋아했던 요리이기에 정말 많은 이야기가 전해진다.

이를테면 한나라를 세운 고조 유방의 심복 겸 동서였던 번쾌는 원래 개를 잡는 백정이었다. 또 양두구육羊頭狗肉이라는 속담은 양의 머리를 내걸고 개고기를 판다는 데에서 나왔다. 우리나라 역사를 털어 봐도 먼 옛날 부여의 벼슬들은 가축 이름에서 따와 붙여진 것인데, 이 중 개에서 따온 구가狗加가 있었으니, 개도 엄연한 가축이었던 것이다. 또

▍점심식사를 하는 사람들의 모습. 민화에 사람들과 자연스럽게 어울려 있을 만큼 개는 예나 지금이나 인간과 가장 가까운 동물이었다. (김홍도, 《단원풍속도첩》, 국립중앙박물관)

《동문선東文選》에 실린 이규보의 〈슬견설虱犬說〉에는 개를 잡는 광경을 목격한 뒤 앞으로 다시는 개고기를 먹지 않겠다고 맹세하는 사람의 이야기가 나오니, 그럴 만큼 옛 사람들에게 개고기는 식생활의 일부였었다.

그럼 개고기의 맛은 어떤가. 필자는 직접 먹어 본 적이 없지만, 주변 경험자들의 말에 따르면 부드럽고 촉촉하며 맛있다고 한다. 뿐만 아니라 영양도 듬뿍 이라던가. 《동의보감東醫寶鑑》에서는 개고기가 위와 장을 튼튼하게 하고, 허리와 무릎을 따뜻하게 하며, 혈액순환을 좋게 하는 등 각종 효능이 있다고 한다. 실제로 여름철 더위에 지쳐 기력이 떨어졌을 때 개고기를 먹는 풍습은 중국 춘추전국 시대부터 있었고, 정말 그런 효능이 있건 없건 매일같이 풀만 먹다가 고기를 먹으면 당연히 몸에 좋을 수밖에 없으리라.

개고기를 요리하는 자그마치 여섯 가지 방법

그렇다면 옛날 사람들은 개고기를 어떻게 요리했을까? 여기에서는 현종 때의 사람인 장계화가 쓴 요리책

《음식디미방》을 참고해 보자. 이 요리책에는 무려 여섯 가지의 개고기 요리법이 나오는데, 요즘 것과 꽤나 비슷한 방법도 있어서 더욱 흥미진진하다.

1. 개고기순대

개를 잡아 뼈를 발라낸 살코기를 여러 번 깨끗하게 씻는다(이건 다른 개고기 요리에서도 마찬가지로 하는 작업이다). 그런 다음 고기에 후추, 천초, 생강, 참기름, 진간장을 섞어서 만두소를 반죽하듯 양념을 한다. 그리고 개의 창자를 뒤집어서 깨끗하게 씻고 다시 원래대로 뒤집은 뒤 앞서 만든 양념소를 가득 넣어 시루에 넣고 한나절 정도 찐다. 잘 익은 순대를 썰어서 초와 겨자를 쳐서 먹는데, '맛이 아주 좋아 그만이다'라고 저자가 썼으니, 그만큼 진미인 모양이다.

2. 개장

뼈를 발라낸 고기를 깨끗하게 씻은 뒤, 간장, 참기름, 깨소금, 후추, 천초를 넣어 삶는 간단한 요리다. 고기가 물러질 때까지 푹 익혔다가 잘게 찢고 내장은 썰어 올린다고 되어 있다. 요즘의 보신탕과 가장 비슷한 요리 같지만, 국물이 많았을지는 분명하지 않다.

참고로 여기에서 말하는

천초란 이 땅에 고추가 들어오기 전 가장 많은 사랑을 받았던 조미료이다. 천초에 대해서는 고추장을 다룬 장에서 자세히 다루니 여기에서는 생략하겠다.

3. 개장국누르미

누르미라는 생소한 이름 때문에 재료를 눌러서 만드는 요리인가 싶겠지만, 사실은 음식 위에 진득한 양념국물을 끼얹는 요리를 일컫는다. 뼈를 발라낸 살코기를 씻어서 간장, 깨소금을 넣어 삶는다. 기름과 간장, 밀가루를 넣어 끓인 뒤 파를 썰어 넣은 양념을 삶은 고기에 끼얹는 것이다. 밀가루는 점도를 높이려고 넣는 것인데, 너무 걸쭉해지면 안 된다. 끝으로 후추와 천초를 넣은 뒤 대접에 담아낸다. 재료만 따지자면 앞의 개장과 전혀 다를 바 없으나, 대접에 담아도 될 만큼 국물이 많지 않은 요리다.

4. 개고기꼬치누르미

이건 또 특이한 요리다. 하루 전에 개를 잡아 다 익지 않게 살짝 삶은 뒤, 뼈를 발라 놓고 수건으로 싸서 물기를 꼭 짜낸다. 그걸 썰어서 후추, 참기름, 간장으로 간을 해 뒀다가 다음 날 꼬치에 꿰어 굽는다. 언뜻 듣기엔 간단하지만 여기에 곁들이는 양념(汁)을 만드는 게 꽤 손이 간다. 된장을 걸러서 기름, 후추, 천초, 생강을 빻아 넣고, 여기에 다시 밀가루를 넣어 걸쭉하게 하는데, 이때 생꿩고기 육수를 넣으면 더 좋다고 한다. 다 구워진 꼬치를 양념에 넣어 접시에 담고 여기에 다시 천초와 후추를 뿌려 낸다.

5. 개수육

이 요리는 재료 준비부터 남다르다. 먼저 노란 개에게 노란 닭을 한 마리 먹이는 데에서부터 시작한다. 사람도 먹기 힘든 닭을 개에게 먹이는 것은 일주일 뒤 개를 잡을 때 살이 오르게 하기 위해서였다. 하필 노란색 개와 닭을 골라 요리하는 까닭은, 오행에서 노란색이 흙을 상징하기 때문이다. 요리책에서도 노란 털에 눈까지 노란 개가 비위脾胃에 좋고 부인에게도 명약이라고 적고 있다. 흙과 노란색이 그런 것처럼, 사람의 오장육부 중에서 흙에 해당하는 게 위와 지라다. 아무튼 뼈를 발라낸 고기를 여러 번 씻은 뒤 작은 항아리에 간장과 참기름을 같이 넣고 주둥이를 잘 봉한다. 그리고 아주 오랫동안 중탕으로 삶으면서 말랑말랑하게 익힌다. 이런 개수육에 딱 맞는 양념장이 있었으니 파를 썰어 넣은 초장이었다.

6. 개찜

수육과 꽤 비슷한 요리이다. 노랗거나 흰 개를 재료로 하고, 허파나 간 같은 내장들은 끓는 물에 살짝 데친 뒤 간장, 깨소금을 넣고 항아리에 찐다. 재미있는 것은 항아리의 입구를 막는 것까진 똑같은데, 같은 크기의 또 다른 항아리를 거꾸로 맞대어서 붙여 놓고 그 사이에서 김이 새지 않도록 틈을 메워 둔다는 것이다. 위에 올린 항아리가 뜨거워지면 요리가 다 된 것이었다. 여기에 썰어 놓은 무를 곁들이고 초겨자를 찍어 먹었다.

이 외에도 개고기를 간장으로 양념해서 꼬치에 꿰어 굽는 개고기 구이도 인기 있었다. 또한 개소주도 약으로 많이 쓰였으니, 만드는 법은 《임원십육지》에 나와 있다. 이름난 유학자인 퇴계 이황도 건강을 위해 찹쌀 서 말과 개고기를 삶아서 만든 개소주 무술주戊戌酒를 만들어 먹었으며, 그 레시피를 자신의 책《활인심방活人心方》에 꼼꼼하게 적어 두기도 했다.

이렇게 참으로 다양한 개고기 요리들이 있었다. 과연 어떤 요리일지 가장 상상이 가지 않는 것은 개순대이고, 가장 대중적인 것은 아무래도 개장이 아닐까. 요즘의 보신탕과 크게 차이도 없으니 말이다. 그래도 밀가루 넣은 소스를 끼얹는다거나 항아리 두 개를 겹쳐 올린다거나 하는 요리법들은 손도 많이 가고 어려우니 감히 시도할 용기가 나질 않는다. 그렇지만 옛사람들의 입을 즐겁게 한 요리인 것만은 분명하니, 개고기 탐닉은 시대와 신분을 따지지 않았다.

임금님부터 학생까지 다 같이 개고기 냠냠

이처럼 조선 시대에 개고기 요리 종류가 다양한 것은 당연한 일이다. 지금 쇠고기와 돼지고기, 닭고기를 요리한다면 탕만 끓이지 않고 굽거나 찌기도 하면서 가지각색으로 요리를 한다. 개고기도 한때 그랬던 것이다. 지금은 나이 든 분들이 찾거나 특별한 때 먹는, 호불호가 강한 음식이 된 개고기이지만, 한때는 당당한 메이저 식재료로써 다양한 조리를 통해 음식이 되었으니, 심지어 임금님의 밥상에도 올라갔다.

임금님의 밥상 음식은 늘 공개되는 것이 아니지만, 특별한 행차 혹은 행사 때 공식 기록으로 남기도 한다. 정조가 화성에 행차했을 때를 기록한《원행을묘정리의궤》가 그러했고, 정조 20년(1796) 6월 8일의《일성록》이 바로 그러했다.

이날 정조는 어머니인 혜경궁 홍씨에게 회갑연 잔칫상을 올렸는데, 상다리가 부러질 것처럼 화려한 음식 목록 중에 구증狗蒸이라는 요리가 있다. 글자 그대로 개를 찐 요리이다. 다만 이 요리의 재료에 밀가루도 포함되어 있는 것을 본다면, 앞서 본 누르미처럼 소스를 만들어 끼얹는 식이었던 것도 같다. 그리고 또 다른 개 요리로 가장증家獐蒸이 있었으니, 이것도 개찜이다.

그러나 이를 보고 '임금님도 사랑한 개고기 요리'라고 하기는 힘들다. 당시 쇠고기나 닭고기는 물론, 꿩, 멧돼지, 전복, 심지어 곰고기까지 올라가는 게 임금님의 밥상이었다. 게다가 이것은 궁중의 특별한 밥상. 서른 개, 여든 개가 넘는 특별 반찬 중 하나이니 왕이 모든 반찬에 젓가락을 한 번이라도 가져갔을지 의문이다. 그럼 왜 이리 많은 반찬을 쓸데없이 차렸느냐 생각도 든다. 이는 임금님의 밥상은 바로 나라의 모습이기 때문이다. 나라 곳곳에서 나는 먹을 것들을 모아다가 반찬으로 만들어 올렸으니, 밥상만 보면 어디가 풍년이 들었고 어디가 살기 힘든지, 백성이 잘 사는지 그렇지 않은지를 알 수 있었다. 그렇다고 해도 현실적으로 혼자 먹기에는 너무 많았기에 남은 것은 신하와 궁인들이 나눠 먹었다.

이뿐만이 아니다. 조선 시대 때 대학인 성균관의 급식에서도 개고기가 제공되었다. 원래 성균관 급식은 무료였지만, 학식은 언제 어디서나 맛이 없다는 전통대로 그다지 인기 있지는 않았다. 다만 한 달에 두 번 대별미, 소별미라는 특식이 나왔는데, 이때 좋은 반찬들을 조금이나마 맛볼 수 있었다.

유생들이 가장 기뻐했던 것은 복날 특식이었다. 초복, 중복, 말복, 즉 3복에 몸보신용 음식들이 나왔는데, 그중 초복의 메뉴가 개장이었다. 아무래도 고기반찬이다 보니 성균관 유생들은 중복 때 나오는 참외 두 개보다 훨씬 좋아했다고 한다.

분명하지는 않지만, 성균관의 특식 개장은 아무래도 탕이 아니었을까. 성균관 유생들은 줄잡아 300명 가까이 되었으니, 그들에게 모두 개장찜을 만들어 주려면 항아리가 100개 있어도 모자랐을 것이다. 물론 그 이전에 원재료인 개가 굉장히 많이 필요했겠지만 말이다.

그야 어쨌든 초복은 유생들의 즐거운 고기 잔칫날이었다. 더운 여름날, 기숙사에 옹기종기 둘러앉아 고기를 뜯는 학생들의 모습을 생각하면 정겹기도 하다. 하지만 요즘 대학교 학식으로 보신탕이 나오면 굉장한 뉴스거리가 될 것이니, 이것이 시대의 변천일까?

그렇다면 옛사람들에게는 어떤 개고기 요리가 가장 인기 있었을까? 위에서 이야기한 6종류의 개고기 요리 중 그래도 탕과 찜이 가장 큰 갈래이고 인기도 있었을 것 같다. 임금님에게 황구찜이 올라갔으니 개고기찜이 가장 대중적인 요리가 아니었을까 추측하는 연구자도 있다.

그렇지만 여기엔 다른 의견을 제시하고 싶다. 고구마나 감자를 쪄본 사람은 알겠지만, 물에 넣고 끓이는 것이 훨씬 시간도 적게 들고 간단하다. 다만 물기가 많이 들어가니 물렁해지고 맛이 좀 덜하다. 만약 찜기에 넣어서 증기로 찌면 단단하고 맛있지만, 익히는 시간이 오래 걸린다. 이는 곧 시간과 인건비, 연료비가 더 든다는 말이다. 시간이나 돈이 얼마가 들건 맛있는 걸 먹겠는 사람, 이를테면 임금님 정도의 지위라면 뭘 어떻게 요리하든 맛있기만 하면 상관이 없다. 하지만 그렇지 않은, 즉 배가 고프거나 가난한 사람들은 시간을 적게 들이고 비용도 싸게 만들어 배가 부르면 그저 좋은 것이다. 그런 의미에서 개찜보다 개장국이 더 많이 사랑받지 않았을까 싶다. 무엇보다 국물이 많이 남아 밥을 말아 먹을 수도 있으니까. 그래서 지금까지 보신탕이 살아남은 게 아닐까?

개고기 삶는
실학자

이렇듯 신분을 막론하고 즐기는 개고기 요리였는데, 어떤 사람은 남이 해 주는 것으로는 성미가 차지 않아 본인이 직접 요리를 했던 모양이다. 조선 중기의 문신 김광욱은 이런 시를 남겼다.

닭찜 개찜 올벼早稻 점심 날 시키십시오.

그렇다면 김광욱은 개장보다 어려운 개찜을 직접 만들었던 걸까? 한편 조금 후대로 가면 자신이 직접 요리를 하고 레시피까지 적어 남긴 사람이 있었다. 바로 정약용이다.

고기가 먹고 싶어!

어느 날 정약전丁若銓은 동생에게 이런 편지를 보낸다. 신유박해 때 정씨 형제 중 셋째인 정약종丁若鍾은 사형을 당했고, 정약전은 흑산도로, 정약용丁若鏞은 강진으로 유배당한다. 여기까지도 힘들고 억울한데, 정약전은 섬에서 살다 보니 있는 게 물고기뿐이라 소나 돼지 같은 네 발 달린 짐승의 고기가 몹시도 먹고 싶어졌다. 그리하여 동생에게 하소연하는 편지를 보냈는데, 이에 대한 동생 정약용의 답장은 이랬다.

먼저 잡은 개를 달아매서 먼지가 안 묻게
가죽을 벗기고 창자와 밥통만 씻고
나머지는 절대로 씻지 않습니다.
그런 뒤 맑은 물로 팔팔 끓이고 여기에
고기를 넣어 삶아 낸 뒤 식초와 간장
기름 파로 양념을 해서
볶거나 삶으면 아주 맛있습니다.

개를 드십시오!

동생의 말은 이랬다. 섬에 산개, 곧 들개가 많을 테
니 그걸 잡아드시라고. 그러면서 개를 잡는 덫을 만드
는 법을 알려 준 것은 물론, 레시피까지 적어 보냈다.

정약용의 개고기 요리법은 이렇다. 먼저 잡은 개를
달아매서 먼지가 안 묻게 가죽을 벗기고, 창자와 밥
통만 씻고 나머지는 절대로 씻지 않는다. 그런 뒤 맑
은 물을 팔팔 끓이고, 여기에 고기를 넣어 삶아 낸 뒤, 식초와 간장, 기
름, 파로 양념을 해서 볶거나 삶으면 아주 맛있다는 것이다. 또 개를 잡
는 덫을 만드는 방법도 알려 주고, 같이 넣어 먹으라고 들깨 한 말을 형
에게 보내기까지 했으니, 참으로 지극정성의 동생이었다. 그런데 정말
재미있는 것은, 이 레시피는 정약용이 고안해 낸 것이 아니라 바로 '초
정 박제가楚亭 朴齊家의 개고기 요리법'이라는 사실이다.*

* 《음식디미방》의 레시피와
비슷한 것 같으면서도 다른
것이 꽤 재미있다. 앞서 요리
책에서는 개 냄새 때문에 잘
씻어야 한다고 했는데, 왜 박
제가는 씻지 않았을까? 이는
1915년에 나온 《부인필지(婦
人必知)》라는 요리책에서 답
을 찾을 수 있을 것 같다. 개
고기는 피를 씻으면 냄새가
나는데, 이 피가 사람 몸에 좋
으니 버리지 말고 그릇에 받
아다가 차조기를 넣어 끓이면
맛있다고 적었다.

박제가는 《북학의北學議》의 저자이자 백탑파이다. 정약용과는 정조
의 명령으로 《사기영선史記英選》을 편집하면서 처음 만났고, 이후 죽이
잘 맞아 12살의 나이 차이에도 집에 놀러 가거나 함께 천연두 연구를
할 만큼 친해졌다.

그 박제가가 가르쳐 준 개고기 요리라니! 요리를 한 번이라도 해 본
사람은 알겠지만, 이런 레시피는 그냥 나올 수 있는 게 아니다. 자기가
몇 번이나 만들어 보고, 먹어 보고 그래서 '이거다!' 싶을 때 남에게 소

개해 줄 수 있는 법이다.

그런데 박제가라는 사람은 그럴 만했다. 그는 먹는 걸 좋아했고 그래서 같은 백탑파 사람들은 박제가를 '한 번에 냉면 세 그릇, 만두 백 개를 먹는 먹보'라고 놀려 대기까지 했다. 그런데다 실사구시實事求是를 외치는 실학자였으니 직접 솥에 불을 지펴 개고기를 삶아도 이상할 것이 없다.

여기서 상상의 양념을 조금만 쳐 보자. 한참 연상이었던 박제가가 갓 과거에 급제한 햇병아리 정약용에게 개 한 마리 잡아다 손수 삶아 주면서 "이렇게 먹으면 정말 맛있어!" 하고 하나하나 가르쳐 주지 않았을까? 그리고 그 요리가 얼마나 맛있었으면 정약용은 그걸 다 기억했다가 형님에게 알려 줬을까. 어쩌면 정약용도 직접 개고기 요리를 만들어 봤을지도 모른다. 형에게 요리법과 동시에 개를 잡을 덫을 놓는 법까지 가르쳐 준 것을 보면 경험에서 우러난 게 아니었을까?

어쨌든 이름난 실학자 두 사람이 나란히 앉아 개고기를 뜯으며 도란도란 이야기하는 모습을 상상하면, 어쩐지 그것만으로 역사가 이루어지는 것 같아 흥미진진해진다. 그 요리는 얼마나 맛있었을까?

한편 정씨 형제들의 뒷이야기를 전하자면 흑산도에는 개가 없었기 때문에 박제가의 레시피는 끝내 쓰이지 못 했다. 대신 정약전은 단백질 섭취를 위해 물고기로 눈을 돌렸고, 그렇게 만들어진 것이 우리나라 최초의 물고기 도감인 《자산어보(玆山魚譜, 혹은 현산어보)》이다.

내 개고기 요리가
제일 맛있어!

이렇게 사랑받아 온 개고기이지만 그렇다고 훈훈한 일만 있었던 건 아니다. 누구의 개고기 요리가 더 맛있는지 '맛 대결'까지 벌어졌으니 말이다. 요즘 방송에서처럼 요리 세트를 갖추고 경연을 벌인 것은 아니었지만, 그만큼 치열했다.

이야기는 이렇게 시작한다. 조선 중종 때 무소불위의 권력을 휘둘렀던 권신 김안로는 개고기를 무척 좋아했다. 어릴 때부터 같은 동네에서 살았던 이팽수라는 사람은 이를 잘 알았고, 봉상시 참봉이라는 한가한 벼슬을 하면서 매번 살진 개를 구해 개장 요리를 해서 김안로에게 바쳤다. 그런데 그 맛이 아주 기가 막혔던 모양이다. 오가는 보신탕 그릇 속에 믿음과 신뢰가 싹트고, 마침내 김안로는 이팽수를 승정원 주서라는 높은 자리에 꽂아 준다. 말도 안 되는 인사였지만, 중종의 사돈이자 강력한 권력을 가진 김안로의 결정에 감히 반대하는 사람은 없었다. 대신 이팽수를 가장주서家獐注書라고 불렀으니 '개고기 요리로 주서가 된 사람'이라고 비꼬는 말이었다.

여기까지는 그래도 흔하디흔한 음식 로비 정도로 넘어갈 수 있었을 텐데, 여기에 또 한 사람이 참여하면서 상황은 진흙탕에 빠진 것처럼 꼴사나워졌다. 새로운 인물인 진복창이 어떻게든 김안로에게 잘 보여서 출세 좀 하려고 이팽수를 벤치마킹했

던 것이다. 그래서 이팽수처럼 개장 요리를 날마다 바치고, 자신의 개장 요리가 최고라고 떠들고 다녔다. 이팽수의 요리보다 더 맛있다는 자부심도 있겠고, 그렇게 김안로의 총애를 받으려는 속셈이었다.

하지만 정작 김안로는 냉정하게 "이팽수 것이 더 맛있는데."라고 평가했으며, 그리 높은 벼슬을 주지도 않았다. 이 일 덕분에 개고기의 사회적인 입지는 급격히 추락하여 김안로같이 간사한 사람이나 먹는 것이라는 말을 듣게 되었다고 한다.

개고기의 화란은 후대에도 한 번 더 있었다. 효종 즉위년(1647), 즉 선왕 인조가 세상을 떠난 지 얼마 되지 않은 국상 기간, 강원도 감사 유석柳碩이 개고기를 먹다가 딱 걸린 것이다. 더구나 개장 요리가 맛이 없다며 요리한 사람을 때려 죽이기까지 했으니 더욱 죄질이 나빴다.

굳이 이 일이 아니더라도 개고기의 입지는 나날이 추락하였고, 지금은 야만인들이 먹는다는 등 취급이 좋지 않다. 하지만 죄가 있다면 먹는 사람에게 있지 음식에 무슨 잘못이 있단 말인가.

계절을 가리지 않고

사랑받은

회

인간 문명은 불의 사용법을 알게 된 것에서 시작한다는 입장이 있다. 그도 그럴 것이 불이 있기에 인간은 날것을 익혀 먹기 시작했으며, 몸을 따뜻하게 보호하고, 각종 도구를 만들어 동물과 달라질 수 있었기 때문이다. 그런 의미에서 생물의 날고기를 익히지 않고 그대로 먹는 회는 이런 문명과 정반대에 놓여 있는 듯한 음식이다.

처음 일본의 사시미刺身가 소개되었을 때, 서양 여러 나라들이 야만인 취급을 한 것도 당연하다면 당연한 노릇이다. 그런데 이제는 회나 초밥이 웰빙의 선두주자이자 고급 요리의 대표격이 되었으니, 이것은 과연 과거 시대로의 회귀일까 아니면 인간 문명 새옹지마인 걸까. 아무튼 이런 연유로 이제 회 하면 일본 음식의 대표로 여겨지곤 한다.

하지만 조선 시대 때부터 회를 즐겨 먹었다는 엄청난 양의 문헌 사료를 본다면, 이런 선입견도 바꿔야 할 것 같다. 고려 때의 문인 이규보, 목은 이색은 물론, 조선 시대로 넘어가 김창협, 기대승, 정경운, 신흠, 이응희, 정약용, 장유 등등 수를 세기 어려울 만큼 많은 이들이 나들이 가서 회를 먹은 기록을 남겼으니, 참으로 많이들 즐겨 먹었던 것이었다.

왜 그리 회를 좋아했을까? 삼면이 바다에 둘러싸여 해산물이 풍부했다거나 조리법이 간단했다거나 하는 이유와는 상관없이 그냥 맛이 있어서가 아닐까? 물론 굽거나 탕을 끓이는 게 더 든든한 식사가 될 수도 있었겠지만, 신선한 살을 저며 맛난 양념을 찍어 먹는 그 맛 때문에 회를 좋아했으리라.

워낙 회를 좋아한 탓인지, 조선 사람들은 바다와 민물 모두에서 횟 감을 마련했다. 농어, 붕어, 쏘가리錦鱗魚, 은어, 밴댕이蘇魚, 웅어葦魚, 고 등어, 준치眞魚, 민어(《옥담사집(玉潭私集)》의 저자 이응희는 민어는 회 치기 좋지 않다는 언급도 했다)는 물론, 전복이나 해삼, 조개, 굴도 있었다. 물론 다들 크고 맛있는 물고기를 제일 좋아하긴 했지만 말이다.

또한 물고기뿐만 아니라 신선하기만 하다면 다양한 고기들을 회로 쳐서 먹었다. 옛 중국에서는 쇠고기 회는 물론, 양고기 회도 먹었으며, 우리나라에서도 안정복이 쓴 《순암집順庵集》에는 '사슴이나 돼지고기 는 비계 색깔이 하얀색이라서 날것으로 먹을 수 있다'라는, 요즘의 위 생 상식으로 보면 등골이 매우 서늘해질 언급이 있다. 사슴과 돼지고 기 회라니! 기생충은 어쩌란 말인가? 하기야 《증보산림경제》에서는 겨울에 꿩을 잡아 살짝 얼렸다가 익히지 않고 얇게 썰어 먹는 꿩 회도 소개되어 있다. 회로 칠 수 있다면야 무엇이든 먹은 게 아니었을까 싶 을 정도다.

심지어 조선 밖을 여행하던, 즉 중국에서 여행 중이던 오성 이항복 이나 연암 박지원도 '어떻게든' 회를 구해 먹었다. 그런데 이때 문제는 중국에서는 송나라 이후로 회의 전통이 사라져 있었다는 것이다. 그래 서 《어우야담於于野譚》에는 임진왜란 때 조선으로 파병을 온 명나라 사 람들이 회를 먹는 조선 사람들을 보고 야만인 취급을 하는 이야기도 나온다.

원래 중국에서도 회를 먹었으니, 공자가 회를 좋아했다는 언급이 《논어》에 실렸을 정도였다. 하지만 송나라 이후 회의 명맥이 끊긴 탓에 중국 사람들은 이 맛있는 음식을 먹는 방법을 영영 잊어버렸다. 그렇기에 조선 사람들은 중국 사람이 무어라 하든 '공자님도 먹던 회인데!'라며 무척 당당했다.

| 바위섬 근처에서 고기 잡는 어부들 (김홍도, 〈행려풍속도병〉 중 〈해암타어〉, 국립중앙박물관)

신선한 물고기를 공수하는 여러 가지 방법

조선 시대의 회에서 가장 신경 쓰이는 부분은 재료의 신선함이다. 요즘처럼 횟집에 수족관이 있지 않았던 때, 소금에 절이지도 볕에 말리지도 않은 '생'물고기를 먹으려면 바닷가나 가까운 물에서 살아 있는 물고기를 잡아 올려야 했다. 그랬기에 회 먹는 내용을 담은 시는 주로 나들이하다가 지어진 것들이다.

반면 집에 앉아 편하게 물고기를 공수받은 사람도 있었으니, 바로 임금님이었다. 당연하게도 임금님이 먹는 물고기는 나라에서 공급했으니 세종 때 강 근처의 고을에 사는 사람들을 생선간生鮮干으로 지정하고, 다른 잡다한 잡역을 없애 주는 대신 날마다 생선을 잡아 바치게 했다. 지금의 고양시 행주 근처에는 임금님이 드실 웅어葦魚를 잡아다 바치는 위어소葦魚所, 뱅댕이를 잡아 바치는 소어소蘇魚所가 있었고, 근처에서 어시장도 열렸다.

그러면 어떻게 고기를 잡았을까? 낚시도 많이 했지만, 어살(죽방)이나 그물을 이용했던 것 같다. 물론《논어》〈술이〉편에서는 '공자님은 낚시질은 하되 그물질은 하지 않았다'라는 말로 생명을 존중해야 한다는 가르침을 전했다. 하지만 맛난 먹을 것 앞에서는 공자님 말씀도 아무 소용없는 법. 조선 사람들은 기꺼이 그물을 던져 물고기들을 잡았다. 물론 초짜인 양반들이 직접 할 수 있는 것은 아니었고, 고기잡이의 프로페셔널인 어부들이 그물을 던지되 이들에게서 얻거나 사 먹는 방식으로 횟감을 얻었다.

또 하나의 고기 잡는 방법은 통발笱이었다. 성현의《허백당시집虛白堂詩集》을 보면, 통발을 이용해서 은어를 잡는 이야기가 나온다. 이렇게 잡은 은어를 회로 쳐서 천초와 생강을 곁들여 먹는 것까지 포함해서 말이다.

통발을 만들어 강줄기를 양쪽으로 막으니

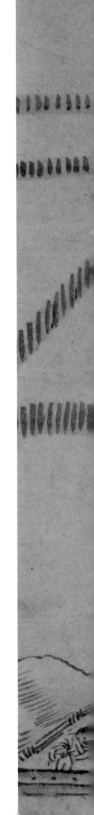

■ 어장에 그물을 치고 고기를 잡는 모습 (김홍도, 《단원풍속도첩》 중 〈고기잡이〉, 국립중앙박물관)

作筍承流郭兩傍

노닐던 물고기들이 떼를 지어 어지럽게 뛰어오르네.

遊魚作隊自悠揚

들쭉날쭉 은빛 턱이 흔들리며 물결이 요동치니

參差銀頷搖波影

금색 비늘이 햇빛을 받아 어지럽게 빛나는구나.

撥刺金鱗映日光

자주색 마름줄기로 아가미를 꿰어다가 도마에 올려놓고

紫荇穿顋登鼎俎

난도로 회를 쳐서 천초와 생강을 곁들이네.

鸞刀斫膾芼椒薑

그렇긴 해도 사용하는 방법을 보면 그물에 가깝다는 느낌이 든다.

한편 양반들이 몸소 낚싯대를 드리우는 경우도 있긴 했다. 정조 19년
(1795) 봄, 정조는 춘당대에서 상화조어賞花釣魚의 잔치를 열었다. 말 그
대로 꽃을 보고 물고기를 낚는 잔치였는데, 정조는 이 모임을 꽤 좋아
해서 연례행사로 열었다. 춘당대는 창덕궁 앞마당이니 대체 어디에서
고기를 낚았을까? 바로 부용정이 있는 궁궐 연못이었다. 요
즘으로 따지자면 청와대 연못에서 낚시를 한 것
과 마찬가지였다.

정조는 신하들에게
낚싯대를 나눠 주고 줄

이날 잔치에 참가한 면면이 ⬚으로 대단했으니, 채제공, ⬚환지, 남공철, 서유구, 이가 ⬚, 이상황, 정약용, 박제가, ⬚득공, 성해응 등등 어느 정 ⬚ 이름 있는 사람들이 모두 ⬚가했다. 이들이 같은 시간, ⬚은 장소에서 나란히 앉아 ⬚순도순 낚싯대를 드리우고 ⬚섬주섬 회를 집어 먹는 풍 ⬚은 역사적인 사실임에도 비 ⬚실적으로 느껴진다. 이 모든 ⬚을 기록한 것은 정조 본인 ⬚리고 당시 새내기로 규장각 ⬚서 숙직을 하고 있던 정약 ⬚이었다. 이날 정약용은 고 ⬚ 6마리를 낚아 다행히 벌주 ⬚ 피할 수 있었지만, 높으신 ⬚떤 분이 준 술을 피할 수는 ⬚어 억지로 마셨다가 토하고 ⬚러지는 불운을 겪었다.

줄이 고기를 낚게 했는데, 정조 본인의 말에 따르면 사람이 너무 많아서 연못의 동서남북에 꽉 들어찰 정 도였다고 한다. 그리고 목격자 정약용의 증언에 따르 면, 정조 혼자서 무려 수십 마리를 낚았다고 한다. 대 체 어떻게 그럴 수 있었을까? 과연 창덕궁의 연못은 고기 반 물 반이었던 걸까, 아니면 물속에서 임금의 낚싯바늘에 고기를 걸어 주는 사람이 따로 있었던 걸 까? 아무튼 정조는 이렇게 신하들이 낚시하는 광경 이 꽤 보기 좋았는지 시를 여러 개 짓기도 했다.

꽃 아래 돌 위에선 거문고를 타고
彈琴花底石
연못 한가운데 정자에선 낚시질하는구나.
携釣水中亭
_ 정조,《홍재전서弘齋全書》

이렇게 보면 꽤 평화로운 풍경이 떠오른다. 하지만 고기를 낚지 못 한 신하들에게는 무시무시한 벌, 곧 술이 내려졌으니, 주량이 많지 않 은 신하들에게는 애간장이 타들어 가는 순간이었을 수도 있었다. 이렇 게 잡은 물고기는 잡아 먹는 대신 다시 연못에 풀어 줬다고는 하지만, 이날 신하들에게 내린 잔치 음식 중에 회가 포함되어 있었으니, 잡은 것 중 한두 마리쯤은 회로 쳐지지 않았을까 싶다.*

그래서 선비들은 물가로 놀러 가거나 낚시하러 갈 때 꼭 큰 물고기를 잡아 회를 먹겠다는 포부가 있었던 모양이다. 모든 낚시꾼들이 그렇겠지만 말이다. 정약용이 남긴 또 다른 시에는 친구들끼리 낚시를 갔다가 운이 없어 고기 한 마리도 못 잡고, 아쉬운 나머지 그 심정을 노래한 시가 남아 있을 정도이다. 반면에 큰 물고기를 잡아 신이 나서 지은 시도 있다.

이렇듯 물고기 하나에 기쁘고 슬퍼지는 게 사람의 마음이지만, 아무래도 가장 좋았을 때는 그걸 맛있게 먹는 순간이었으리라.

회 치는 법

이제까지 말해 온 대로 아주 오랫동안 수많은 사람들이 회 먹는 이야기를 적었지만, 정작 우리나라 요리책에 회를 만드는 방법이 제대로 실린 것은 《음식디미방》인 것 같다. 여기에는 '대합조개를 잘 씻어서 초간장에 먹는 회도 좋다'라고 기록된 게 전부이다. 지나치게 간략하다는 느낌도 들지만, 한편으로는 그럴 만도 하다. 원래 회는 딱히 요리법이라고 할 만한 것도 없다. 싱싱한 물고기를 잡아 포를 뜨고, 살을 얇게 저며 내기만 하면 되는 것이니까. 굳이 중요한 조건을 든다면 재료가 신선해야 한다는 것이겠고.

다른 책인 《산림경제》에서는 생선회를 만드는 법을 이렇게 소개한다. 물고기 꼬리와 내장, 껍질을 제거하고 얇게 저며서 종이 위에 살짝 말렸다가 실처럼 가늘게 썰고, 무를 얇게 다져 베에 짜서 곱게 만든 뒤 생채를 회와 섞어서 접시에 놓고, 여기에 겨자와 고추, 식초를 뿌리면 된다고 한다.

▮ 가늘게 채로 썰었던 조선 시대의 회

이 외에도 생선이 미끄러지는 것을 막으려면 기름을 몇 방울 뿌리는 게 좋다는 팁도 전하고 있다(오히려 더 잘 미끄러지지 않을까?). 여기에서의 회도 요즘의 회와 아주 크게 다르지 않다. 단 요즘처럼 회를 무채 위에 올리는 대신 섞었다는 것이 이채롭다.

당시의 회가 요즘과 가장 다른 점을 고른다면, 얇게 포를 뜨기보다는 실처럼 가늘게 채로 썰었다는 것이다. 그래서 고려 시대 이래로 회를 먹은 사람들의 시를 찾아보면, 회 가닥을 실絲에 비유하는 표현들이 꽤 많이 있다. 대표적으로 목은 이색이 지인으로부터 물고기를 얻어 회를 떠서 먹으며 지은 시에 이런 구절이 있다.

회가 시원하니 눈처럼 하얀 실이 나는 듯

膾涼飛雪縷

_ 이색,《목은시고牧隱詩藁》22권

비슷한 표현은 조선 중기의 서거정이 지은 시에도 등장한다.

옥으로 짠 실처럼 가느다란 붕어회도 더욱 어여쁘구나.

更憐鱠鯽玉絲長

_《사가시집四家詩集》50권

실 같다느니, 심지어 나는 것 같다는 표현도 함께 있었으니, 옛날의 회는 아무튼 가늘게, 최대한 가늘게 썰었던 모양이다. 그렇게 가늘어서야 어떻게 씹는 맛이 났을까 싶은데, 그 때문에 무도 썰어 넣었던 게 아닐까. 한편 안정복의 《순암집》에서는 《예기》〈내칙〉을 인용해서 가늘게 썬 것을 회膾라고 하고, 굵게 썬 것을 헌軒이라고 한다는 말이 실려 있지만, 정말 조선 사람들이 굵게 썬 물고기 회를 먹었는지는 알 수가 없다.

어쨌거나 회를 실처럼 가늘게 썰려면 굉장한 기술이 필요했을 것이다. 요즘이야 회를 뜰 때 회칼을 쓰지만, 당시에는 난도鸞刀를 써서 회를 쳤다. 이 칼은 회를 썰 때만 쓰는 건 아니고, 이것저것 베고 자를 때 쓰는 다목적용 칼이었다. 궁중에서 쓰는 난도에는 칼끝에 방울을 다는 등 갖은 장식을 했지만, 보통 사람들은 어떤 칼이든 물고기 살을 자를 수만 있으면 충분했을 것이다.

생선회는
무엇에 찍어 먹나요?

요즘 음식을 못 먹은 지 오래인데

年來久癈食

오로지 회가 입에 맞는구나.

唯膾口相宜

황금색 겨자를 잘 찧어서

爛擣黃金屑

눈처럼 흰 살을 장에 적신다.

交漿白雪肌

광해군 때 사람인 이응희의 《옥담시집》에 실린 〈회를 먹으며膾食〉라는 시이다. 그는 나이 들어서 이가 빠져 굉장히 고생했는데, 그런 부실한 치아 상태로 간신히 먹을 수 있는 음식이 회나 물고기국이었고, 이를 한탄하는 시를 몇 수 남겼다.

그런데 지금 보기엔 회를 겨자, 그것도 우리에게 꽤나 익숙한 초록색 고추냉이가 아닌 노란 겨자장에 찍어 먹는 점이 이채롭다. 물론 개인의 취향 차이는 있지만 지금은 간장이나 초고추장을 찍어 먹는 게 일반적이지 않은가. 그런데 《예기》를 보면, '어회魚膾에는 개장芥醬'이라는 말이 있다. 회를 겨자장에 먹는다는 말이다. 덧붙여 봄에는 파를 쓰고 가을에는 겨자를 써서 요리한다는 언급도 있다.

원래 회라는 요리는 그 자체의 맛이 그다지 강하지 않기에 양념의 맛이 무척 중요한 법. 그래서 옛사람들은 회에 곁들이는 장을 만들 때 참으로 최선을 다했다. 여기서 조회개법造膾芥法이라는 회와 같이 먹는 겨자장을 만드는 법을 소개하겠다. 요즘의 초고추장은 감히 명함을 내밀기 어려울 만큼 만드는 방법이 복잡하고 정성스러웠다.

조회개법造膾芥法 햇겨자씨에 물을 부어 따뜻한 곳에 4~5일을 둔다. 싹이 돋아 물방울이 생기면, 그걸 건져서 말려 둔다. 혹은 겨자씨를 씻어서 건진 다음, 낮에는 볕에 말리고 밤에는 이슬을 맞고 4~5일을 지내면 쓴맛이 없어진다. 이때 반드시 노란 겨자를 써야 한다(빨간 겨자는 쓰지 말라는 말이 있는데, 빨간 겨자가 어떤 것인지 잘 모르겠다).
이렇게 만든 겨자 한 홉에 흰 쌀을 반 숟가락 넣고 가루를 내서 체로 곱게 치고, 이 가루를 사발에 담고 냉수를 넣어 끈적끈적해지도록 개어 둔다. 입김을 후후 불어넣으면서 매운 내가 나게 하고, 이 그릇을 습한 곳에 엎어 둔다. 그 뒤 초장으로 간을 하고, 맛이 적절하면 체에 거른 뒤 꿀을 조금 넣는다. 참깨를 조금 넣으면 매운 맛이 줄어든다. 만약 입김을 불어넣다가 매운 게 느껴지는 게 싫은 사람은 겨자를 불 위에 두고 연기를 쏘이면 된다. 이렇게 하고 남은 것은 병에 담아 입구를 잘 막아 두면 맛이 변하지 않는다.

만드는 방법만 보아도 금방 만들 수 있는 게 아니었고 오랜 시간과 정성을 들여야 했다. 손이 참 많이 갔지만, 그만큼 맛있게 먹고 싶은 사

람들의 욕망은 강렬했던 것이리라. 조선 사람들은 나들이에 앞서 겨자

씨를 불리면서 여기에 찍어 먹을 맛있는 횟

감들을 상상하며 꿈에 부풀었을 것

이다. 회를 먹고 싶을 때 집 근

처 마트에 가서 아무

제품이나 집

어 먹을 수 있는 이 시

대는 대체 얼마나 편리해진 것인가!

하여간 허균이 《도문대작》에서 '해서에서 나는 겨자가 제일 맵다'라고 소개한 것을 본다면 역시 매운 겨자가 가장 좋은 것으로 여겨졌으며, 요즘의 청양고추처럼 사람들이 많이 찾았던 모양이다.

그렇지만 당연히 맵다 보면 여러 가지 불상사가 나는 법. 이덕무는 겨자장을 만들 때 너무 가까이 있으면 재채기가 나니 그러지 말라거나, 회를 먹을 때 겨자장을 많이 찍어 먹어서 재채기를 하면 안 된다는 잔소리를 적어 두고 있으니, 회나 초밥을 먹다가 너무 매워서 꾁 소리 나는 상황은 이전에도 있었던 모양이다.

조금 간략하게 만드는 회 양념장도 있었다. 앞서 조회개법을 소개한 《산림경제》에서는 원나라 때의 요리책인 《거가필용》을 인용해서 또 다른 양념장을 만드는 법도 적고 있다. 파 네 뿌리에 생강 두 쪽, 유인장(느릅나무열매장) 반 잔, 후춧가루 조금을 으깨 섞고, 식초, 소금, 설탕을 더해 양념을 만들고, 여기에 회를 버무린다고 한다. 아무래도 이 양념장은 찍어 먹기보다는 이것저것 함께 넣고 비벼 먹는 용도였던

뱅댕이는 경기도 안산의 바다에서 나고
웅어는 고양 행주에서 잡힌다.
사옹원 관리들은 그물로 고기를 잡아
임금에게 진상하고
생선 장수들은 거리를 돌아다니며
횟감을 사라고 외치며 이것들을 판다.

것 같다.

그러다가 마침내 고추가 조선에 들어오면서 회를 찍어 먹는 방법에 지각 변동이 일어났다. 《원행을묘정리의궤》를 보면 정조의 밥상에는 웅어회와 고추장이 나란히 올라간다. 그리고 이 책의 다른 징에서도 말했지만, 영조는 생전복, 즉 회를 좋아했는데 같이 올라온 게 고추장이었다. 이쯤 되면 전복을 어디에 찍어 먹었는지 답은 이미 나왔다고 하겠다.

19세기 말에 나온 요리책인 《시의전서是議全書》에서는 우리에게 너무나도 익숙한 초고추장이 마침내 민어회의 짝으로 등장한다. 한때 양념장의 패자였던 겨자는 시대의 뒤안길로 홀연히 사라지고 이제는 고추장만 남았으니, 음식의 세계에도 흥망성쇠는 있는 것 같다.

백성이라고
회를 못 먹으랴

영조, 정조 시기의 세시풍속을 기록한 《동국세시기東國歲時記》를 보면 3월의 행사를 적은 대목에서 이런 게 있다.

밴댕이는 경기도 안산의 바다에서 나고, 웅어는 고양 행주에서 잡힌다. 사용원 관리들은 그물로 고기를 잡아 임금에게 진상하고, 생선 장수들은 거리를 돌아다니며 횟감을 사라고 외치며 이것들을 판다.

임금님에게 바치는 물고기를 잡는 어소는 이미 앞에서 이야기했고, 여기서 눈여겨볼 것은 잡고 남은 물고기들을 사람들에게 팔고 다닌다는 것이다. 이를 보면 물고기, 그것도 신선한 생선을 파는 상인들이 있었다는 말이다. 이러한 물고기 행상의 모습은 신윤복의 그림 한 폭에서도 확인할 수 있다.

묵직한 가채를 머리에 얹고 있지만 질끈 매어 올린 허리끈과 짧은 치마로 보아 그다지 신분이 높지 않은 게 분명한 여인이 한 팔에는 채소가 담긴 광주리를 들고, 머리에는 물고기가 든 함지박을 이고 있다. 함지박을 덮은 천 사이로 삐죽 솟아나 있는 물고기 꼬리가 참으로 위풍당당하다. 만약 말리거나 절인 물고기라면 저렇게 생생하지 않을 것이니, 당연히 갓 잡은 신선한 물고기였을 것이다. 물고기를 팔러 가는 것인지, 아니면 사서 요리를 하려는 것인지 분명하지 않지만 같이 이야기를 나누고 있는 노파 역시 광주리를 들고 있는 것을 보면 같은 장사꾼이거나, 물건을 흥정하는 게 아니었을까.

실제로 조선 시대에는 말린 물고기를 어물魚物이라 했고, 살아 있거나 갓 잡은 것을 생선生鮮이라고 했다. 생선은 정규 시장인 시전에 포함되었던 어물전이 아니라 잡전에서 팔았으며, 시장이라는 장소에 꼭 구애되지 않았다. 그래서 노점상, 아니 찾아가는 생선 판매 서비스가 그때 이미 있었다. 이덕무의 《청장관전서靑莊館全書》를 보면, 친하게 지냈던 유득공이 조기 장수 그림을 보고 평한 말이 있었다.

▎생선이 담긴 함지박을 이고 채소가 든 망태기를 낀 채 이야기하고 있는 여인 (신윤복, 〈저잣길〉, 국립
중앙박물관)

생선 조기를 등에 지고 가며

生鮮石魚負去

커다란 놈을 손에 쥐고 큰소리치는구나.

手持大者誇張

어린 여자 종이 중문에서 달려 나와

小婢中門走出

생선 조기 장수! 하고 부른다.

喚生鮮石魚商

　이 시에서 묘사된 상인은 고기를 '등에 지고' 있었다고 하니 신윤복이 그린 것과는 다른 모습이었으리라.

　하지만 이 시 한 편만으로도 조선 후기 생선 상인의 모습이 절로 머릿속에서 그려진다. 상인이 생선을 이고 지는 것은 물론, 손에 직접 들고 곳곳을 다니며 생선을 팔았던 것이다. 또한 이덕무나 유득공이나 부유한 생활과는 굉장히 거리가 멀어서 생활을 위해 귀하디귀한 책을 팔아야 했던 가난한 딸깍발이들이었다. 그럼에도 그들이 사는 집 주변에 생선 장수가 다닐 정도였다면, 돈 없는 사람들도 가끔은 생선을 사 먹을 수 있었던 것 같다.

　이어지는 이진옥의 시는 생선 장수의 모습을 더 자세하게 묘사한다.

생선 장수 대답하는 목소리는

生鮮商對答聲

어찌 그리 귀와 입이 빠른가.

耳何聰口何疾

귀가 듣지 못하면 팔 수가 없고

耳不聽賣不得

(그러면) 생선이 상해 본전을 잃는다네.

生鮮腐本錢失

당연하지만 생선은 상하기가 쉬웠다. 비린내 가득하고 미끌미끌한 생선을 직접 잡고 사람들에게 보인 것은 최대한 빨리 팔아야 했기 때문이리라. 듣고 대답하는 것이 빨랐던 것도 생선에는 시간, 결국 신선도가 매우 중요했기 때문이었을 테고.

물론 이렇게 판 생선을 꼭 횟감으로 먹었으리라는 법은 없다. 《음식디미방》에 나오는 대로 전을 부치거나 찜을 할 수도 있겠고, 누르미도 해 먹었을 테다. 하지만 유난히 신선한 생선이 들어온 날이면 회를 치는 사람이 있었을지도 모르겠다.

아무튼 조선 시대에 집 앞거리 곳곳을 돌아다니는 생선 장수들 덕분에 신분이 어떻건, 돈이 있건 없건, 이 땅의 사람들은 참으로 많은 생선을 먹을 수 있었을 것이다.

회를 먹기 위해서
인정사정 가리지 않는다

정약용은 평생에 걸쳐 참 많은 글을 남겼는데, 그중 젊었을 때 신기한 일을 겪고 남긴 기록이 있다. 굳이 내용을 말하자면 오리가 먹다 남긴 것을 주워 먹은 경험이랄까.

정조 13년(1789), 아직 27세의 젊은 정약용은 울산에 계신 아버지를 뵈러 간 김에 친구들과 함께 울산의 남쪽 호수에서 배를 탔다. 그래서 달구경도 하고 맛난 걸 먹기로 했는데, 메뉴는 역시나 회였다. 하지만 운이 없었던지 어부를 시켜 그물을 던지게 했지만 고기를 잡지는 못했다. 그런데 녹색 오리, 즉 수놈 머리가 초록색인 청둥오리 한 무리가 호수로 우수수 뛰어들자 갑자기 배를 내놓은 물고기 수십 마리가 물 위로 둥둥 떠올랐다. 이때 곁에 있던 어부가 가르쳐 주었다.

"오리는 고기를 잡아 골수만 쪼아 먹고 버립니다."

결국 이들은 오리가 먹다 버린 고기를 주워 회를 쳤다. 갑자기 먹거리가 잔뜩 생긴 정약용과 친구들은 회를 먹고, 술을 마시고, 가야금을 타면서 노래 부르고 진탕을 놀았다고 한다. 오리가 먹다 버린 것을 먹다니 대단하다. 정약용 역시 이 일이 신기해서 기록으로 남겨 둔 것이겠지만, 솔직히 놀라운 비위라고 하겠다.

또 한 명, 계절을 가리지 않고 회를 사랑한 대표적인 인물이 붕어회를 비롯해 많은 횟감으로 시를 지은 서거정이다.

물고기는 먹거리뿐만 아니라 그림의 소재로도 자주 등장했다. (장한종, 《어개화첩》 중 〈물고기〉, 국립중앙박물관)

서리 내린 차가운 강에 붕어가 통통하게 살이 올라

霜落寒江鯽子肥

칼을 휘두르니 하얀 살점이 눈처럼 날리네.

揮刀雪縷細紛飛

젓가락 놓는 줄을 몰라 접시가 텅 비었으니,

不知放箸盤空盡

두로의 시에 나오는 은색 회가 가끔 생각이 나네.

銀膾頻思杜老詩

_《사가시집》〈촌주팔영〉

　앞에서 말했듯이 회로 시를 지은 사람이 한둘이 아니긴 하지만, 역시 먹는 걸 좋아하는 사람이 짓는 시는 각별하다. 정말 맛있어서 어쩔 수 없어 하는 게 선명하게 보인다. 자연과학의 상식에 따르면, 웬만한 물고기들은 수온이 내려가는 겨울이 되면 활동을 하지 않고 물속 깊은 곳에 가라앉아 동면을 한다. 그러니 원래대로라면 겨울에 물고기를 잡는 것은 매우 힘들고도 어려운 일이었다. 과연 이렇게 추운 날씨에 기어이 물고기를 잡아다가 회를 친 근성이 참으로 대단하다고 해야 할까.
　사족을 덧붙이자면, 옛날의 효자 이야기에서는 한겨울 병든 부모님이 회를 먹고 싶다고 하자 얼음장을 깨고 물고기를 잡곤 했다. 이런 것은 그나마 효도 때문이었다 지만, 사리사욕을 위해 추운 날씨에 물고기를 잡아 올려 회를 먹다니 인간의 식탐은 어찌 이렇게 크고도 집요한 걸까!

| 요리를 사랑한 남자들 |

• 허균 許筠, 1569~1618

서얼들의 차별을 비꼰《홍길동전》의 작가이자 앞서간 혁명가로 유명한 사람이지만, 조선 시대를 통틀어 최초의 맛 칼럼니스트를 꼽는다면 역시 이 사람이다.

허균은 원래 가난한 집안에서 태어났지만, 아버지가 이런저런 각지의 특산물을 선물로 받아와 식도락에 눈을 떴으며, 나이 들어서는 잘 사는 처가 덕분에 온갖 맛의 호사를 즐겼다고 한다. 그래서 미각을 갈고 닦아 맛난 걸 좋아한 것까진 좋은데, 그게 좀 지나쳐서 주책을 부리기까지 했다. 그래서 죄를 지어 귀양을 가는 주제에도 일부러 방어가 맛나다는 장소를 골라 갔을 정도였다. 그런데 정작 맛있는 거 많다는 동네의 물고기는 기대만 못했으니, 입이 삐죽 나와 투덜거리는 글을 써댄 게 참으로 일품이다. 참으로 유치찬란해서 진실로 시대를 앞서간 편식쟁이였다.

아무튼 귀양 생활 덕에 이전처럼 맛난 것을 먹지 못하니《도문대작屠門大嚼》을 지었다. 이 말 뜻은 '고기를 씹는 척한다'라는 말이니, 비유하자면 천장에 매달아 둔 굴비를 보며 입맛 다시는 것과 마찬가지다. 말 그대로 처지는 그렇지 못한데 맛난 것 생각은 아련하니 글을 쓰며 때우는 격이다. 그래서 허균은 전국 각지 맛있는 것들의 산지와 특징을 정리한 '맛 지도'를 만들었다. 덕분에 우리는 조선 후기의 먹거리대해 무척 많은 자료를 얻을 수 있으니, 이것이 그가 음식사에 남긴 가장 큰 위업이었다.

비록 본인은 제멋대로 날뛰며 살다가 미움을 받고 마침내 역적이 되어 처참하게 죽었지만. 맛을 기록으로 남겼기에 이제 이 책이 나오는 데 많은 도움을 주었으니 역시 뭐든 적어서 기록으로 남기고 봐야 하는 것일까.

제2장

별식

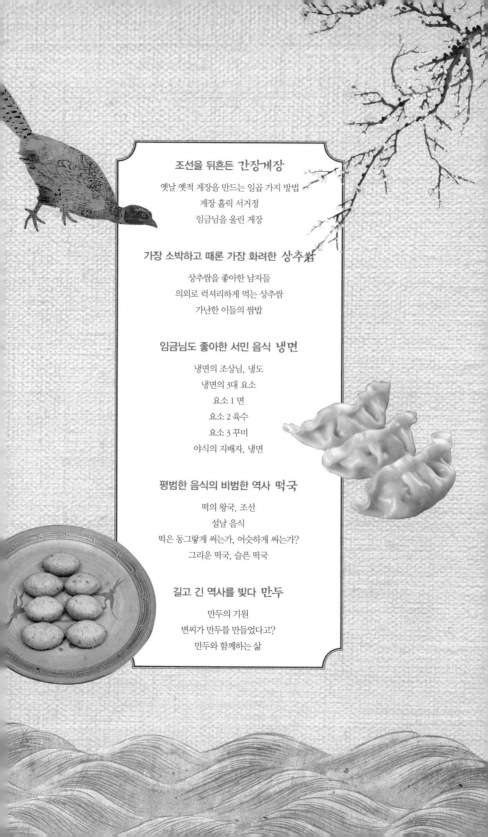

조선을 뒤흔든

간장게장

어린 시절 냉장고를 열면 한구석에 늘 수수께끼의 반찬이 있었으니, 바로 게장이었다. 아버지께서 좋아하신 반찬이라 늘 궁금했다. 저걸 대체 무슨 맛으로 먹는지? 어린 시절의 필자에게 게는 찌개로 끓여 잘 익은 살을 파먹는 것이었다. 하지만 게장은 비린내도 나고, 익지 않은 물렁한 살을 먹는 것이라 아버지가 몇 번이나 권해도 도리질 치며 도망가기 일쑤였다. 그리고 어른이 된 지금은 없어서 못 먹는 반찬이 되고 말았다. 흔히 게장 하면 밥도둑이라는 말이 나오곤 한다. 짭짤한 그 맛에 밥 한 숟갈, 두 숟갈 넘기다 보면 순식간에 밥그릇을 비워서 하는 말이리라.

그런데 간장게장은 만드는 법이 워낙 까다롭고 변하기도 쉬워서 지금 생각하면 매번 만들어 집에 두었던 부모님이 존경스러울 정도다. 살아 있는 게를 잘 씻고, 오래 끓여서 염도를 높여 둔 간장을 붓는데(뜨거운 간장을 부으면 게가 익어 버린다), 위생 문제도 있고 기생충 걱정도 있어 간장을 잘 만드는 게 관건인 요리다. 게다가 유통기한도 길지 않아 자칫하면 게살이 다 녹아 버리고 간장만 남는다(물론 그 간장을 좋아하는 사람도 있지만).

이렇게 손 많이 가는 요리인데 그 모든 고생을 감수하는 까닭은 역시 맛이 있기 때문이다. 지금도 그렇지만 옛사람들도 맛있는 음식을 위해서라면 손이 많이 가는 것을 꺼리지 않았다.

사람들은 언제부터 게장을 먹었을까? 이 문제는 인간이 언제부터 이상야릇하게 생긴 게를 먹을 용기를 냈을까 하는 것만큼이나 알 수 없는 일이다. 먹는 것이라 알고 난 다음에는 모를까 징그럽게 생기고 딱딱한 외피를 가지고 있는데다, 고약한 성질 탓인지 제풀에 죽기도 쉽고 상하기도 쉬워 자칫하면 배탈이 날 수 있는 먹거리이기 때문이다. 그래도 고려 말의 목은 이색이 지은 시에서는 '자주색 게紫蟹가 소반 위에 있다'라는 표현이 나오고 어촌에서 게를 잡기 위해 불을 밝혀 놓은 정경을 묘사하고 있으니, 이것으로 보아 고려 시대에도 이미 게를 즐겨 먹었다. 세종 때부터 전국 각지에서 바쳐지는 공물 중에는 살아 있는 게도 있었다.

그리하여 옛 문헌에서는 게를 먹으며 해황蟹黃이란 표현을 썼으니, '노란색 게살'이라는 뜻이다. 보통 게의 살(혹은 근육)이 하얀색이라는 걸 생각하면 뜻밖의 표현이지만, 게의 알이나 내장이 주황색 혹은 노란색인 것을 생각하면 그럴싸하다. 또한 살이 통통하게 오른 게를 두고 황고백방黃膏白肪이라고 했으니, '노란색 살에 하얀 기름'이라는 뜻이다. 이로 보아 옛날 사람들은 게살이 노란색이라 생각한 게 아니었을까. 게를 한자로 내황후內黃侯라고도 했는데, 이 역시 뱃속이 노란 것에서 온 말이었다. 게의 다른 별명이 무장공자無腸公子였는데, 이는 창자가 없다는 뜻이니 옛 사람들은 게에게 내장이 없다고 믿은 듯하다.

이런 다양한 별명을 가진 게를 요리하는 방법에는 찌거나 튀기거나, 심지어 말려서 포를 만드는 등 여러 가지가 있겠지만, 이 책에서 다룰 요리 방법은 역시나 게장이다.

대체 언제부터 게를 짜게 절여 먹을 생각을 했을까? 먼저 《세종실록》을 보면 세종 27년(1445) 12월, 사옹방에서 게蟹를 잡아 젓醢을 담그는 이야기가 나온다. 게로 만든 것이 게장 말고 또 무엇이 있겠는가?《세조실록》에서는 의주 목사로 가는 허형손이 '오랑캐를 익은 게장蟹黄 까버

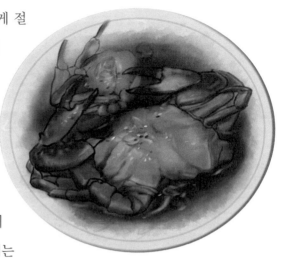

| 예로부터 즐겨 먹은 게장

리듯 쳐부숴 버리겠다!'라고 허세를 부리기도 했으니, 이때에도 이미 많은 사람들이 게장을 먹었던 것 같다.

그러면 이즈음의 게장은 대체 어떤 요리였을까? 요즘에는 간장과 양념, 두 가지가 있지만, 옛날에는 조금 달랐다. 무엇보다 게장의 종류부터 매우 다양했다.

옛날 옛적 게장을 만드는 일곱 가지 방법

게장을 한 번이라도 만들어 본 사람이라면 알겠지만 원래 게장은

바닷속 생물들을 그린 어해도 (장한종, 《어개화첩》 중 〈게와 가오리〉, 국립중앙박물관)

살아 있는 게로 담가야 한다. 잔인하긴 해도 죽은 게로 담그면 금방 썩거나 상하기 때문이다. 그러다 보니 게를 생생하게 살려 두는 게 가장 중요했다. 옛날에는 수족관이 있는 것도 아니다 보니 매우 어려운 일이었지만, 나름의 팁이 있기는 했다.

　게장을 담그는 법은《음식디미방》에 두 종류가 나와 있고,《산림경제》에서는 무려 일곱 가지 방법을 소개하고 있다. 여기에서는 요리 방법이 좀 더 다양한《산림경제》를 위주로 소개해 보겠다.

　먼저 게장을 만들려면 재료 확보부터 필수이다.《산림경제》는 그래서 게를 키우는 방법까지 싣고 있다. 이에 따르면 가을에 게를 많이 잡아 두는데, 암수를 가리지 않고 잡은 뒤 대바구니에 담아서 폭포 떨어지는 곳이나 물살이 급한 여울에 매달아 둔다고 한다. 어째서 그런 곳인지 이유는 나오지 않지만, 수족관에서 공기거품으로 산소를 공급해 주는 것과 동일한 효과를 보려는 게 아니었을까. 실효가 있는지는 알 수 없지만. 또한 게의 먹이로는 벼이삭을 주라고 했다. 게는 잡식성이지만, 죽은 물고기나 올챙이, 다슬기를 주로 먹으며, 먹을 게 없으면 서로 잡아먹는 법이거늘 어째서 쌀을 먹이는 것일까. 이런 의문을 뒤로 하고, 그런 식으로 게를 몇 달이나 키워서 봄이 되면 어느새 살이 올라 있다고 한다. 그럼 이제 본격적으로 이 녀석들을 잡아 게장을 만드는 것이다.

1. 지게미게장糟蟹

게 30마리를 준비해서 발을 뗀 뒤, 깨끗하게 씻어서 말린다. 여기에 술을 거르고 남은 지게미에 소금, 식초, 술을 섞어서 게를 집어넣는다. 이렇게 하면 일주일이면 먹을 수 있고, 다음 해까지 두고 먹을 수 있다고 하니 보존성은 최고인 것 같다.

2. 술게장酒蟹

살지고 싱싱한 게를 골라 대나무 광주리에 담아 하루쯤 바람을 맞히며 말린다. 소금과 백반, 질 좋은 술을 고루 섞은 것에 게를 담갔다가 꺼낸다. 여기에 게 딱지를 떼서 초피를 한 알씩 배딱지 한가운데에 넣은 뒤, 병에 다시 넣고 그 위에 초피를 뿌리고 종이로 병 주둥이를 막는다. 여기에 소분䤉粉, 즉 중국 소주 지방에서 나는 납을 팥알만 하게 뭉쳐서 위에 놓고 대나무 껍질로 봉해 놓는다. 현대인으로서는 납의 독성이 걱정되기도 한다. 나중에 소개할 서거정의 시에 나온 게장이 바로 이것으로 추정되는데, 그만큼 옛사람들이 매우 좋아하는 게장이었던 것 같다.

3. 게초장醬醋蟹

큰 게를 골라서 삼 껍질로 매어 뜨거운 솥 안에 넣으면 게가 침과 거품을 뿜어낸다. 그런 뒤 소금, 식초, 술, 참기름에 파 줄기를 넣어 볶다가 파가 익으면 기름장에 회향, 후추, 생채, 귤 껍질 썬 것을 섞어 넣어 초를 만든다. 게를 깨끗한 그릇에 넣고 술과 초를 부어 반달이 지나면 먹을 수 있다. 이때 쥐엄나무 열매를 바닥에 깔면 더욱 좋다고 한다.

4.게장醬蟹

우리에게 익숙한 이름이지만 만드는 법은 꽤 다르다. 게를 깨끗하게 씻어 물기를 닦는다. 등딱지를 까서 배 안에 소금을 가득 채우고 실로 묶어 그릇 안에 쌓아 둔 뒤 법장法醬, 곧 간장과 후추, 술을 섞어서 게가 잠기게 하고 진흙으로 꽉 봉한다. 20일이 지나면 먹을 수 있다.

5. 법해法醬

큰 게 열 마리를 골라서 깨끗이 씻어 하룻밤을 둔다. 게를 병에 담고 소금, 보릿가루, 누룩가루를 술과 섞어 그 위에 부어 두면 2주일만 지나면 먹을 수 있다. 이때 백지白芷가루를 넣으면 장이 더 잘 엉긴다고 한다.

6. 게젓沈蟹

소금물을 끓여 아주 짜게 만든 뒤 식히고, 게를 넣은 항아리에다 붓는다. 이때 게는 모두 살아 있어야 한다. 만약 죽은 게로 한다면 금방 상해서 먹을 수 없어진다. 게를 넣은 뒤 만능 양념 천초를 넣고 오동나무 잎으로 항아리의 입구를 틀어막아 익힌 뒤 먹는다. 이렇게 하면 오래 뒤도 상하지 않는다고 한다.

7. 약해藥蟹

게젓과 다를 바 없다. 맑은 간장에 소금을 넣어 끓여 식힌 뒤 게에 붓고 천초와 후추를 넣어 만든다.

한편《음식디미방》에는 게젓과 약게젓 두 종류만 소박하게 실려 있으며, 만드는 법도《산림경제》보다 훨씬 간단하다. 게젓은 게를 잡아 단지에 넣고 물을 세 번 부어 깨끗하게 씻고, 달여서 식힌 소금물을 넣고 가랑잎으로 덮어 둔 뒤 열흘이면 먹는 것이다. 약게젓은 위에서 소개한 약해와 많이 비슷하니, 게에 간장과 참기름, 생강, 후추, 천초를 넣는 방식이다.

그런데 이렇게 다종다양한 게장을 보면 레시피에 압도적으로 술과 식초가 많이 쓰인다. 이걸 보면 요즘 먹는 간장게장은 후대에나 유행하게 된 것으로 추측할 수도 있다.

끝으로 한 가지, 게장을 담글 때 재미있는 미신이 있으니 게젓을 담을 때 빛을 비추면 모래가 되어 버린다는 말이다. 게가 변해서 되는 모래가 무엇인지 알 수 없지만, 게젓을 오래 두면 살이 모두 녹아 껍데기밖에 남지 않는 걸 이야기하는 건지도 모른다. 아무튼 이처럼 옛사람들은 다양하고 즐겁게 게를 먹어 왔으니, 그중에도 게가 좋아 어쩔 줄몰라 하는 사람도 있었다.

게장 홀릭
서거정

서거정은 문종부터 성종까지 여섯 왕을 섬겼던 처세의 달인이자 문장가였고, 야사 모음집인 《필원잡기筆苑雜記》의 저자였다. 그런 동시에 굉장히 맛난 것을 좋아하는 사람이기도 했다. 특히나 게! 이렇게까지 공공연하게 게에의 사랑을 피력한 사람도 참 드물다. 그리하여 게를 먹는 이야기만으로도 10수 가까운 시를 적었다. 원래 시를 많이 지은 사람이지만, 참으로 어지간하게 좋아했던 것 같다.

이런 서거정의 식성이 널리 알려진 탓인지, 주변 사람들이 곧잘 게를 선물로 보내 주곤 했다. 그리하여 게를 받고 기분이 좋아져서 지은 시가 두 편이나 있다. 굳이 시를 지을 정도로 기쁘다면야 그보다 덜 기쁘게 먹은 게는 그의 일생에 얼마나 많이 있었겠는가?

심지어 어떤 시에서는 어떻게 게를 받았는지 자세한 상황까지 적고 있다. 동짓날이 지나고 나서 우연히 서거정은 아는 사람에게 게장을 받았던 모양이다. 이때 '노란색 게黃蟹'라고 적었는데, 앞서 말했듯이 게장을 해황이라고도 했고, 동짓날이 면 아직 날씨가 추워서 게가 동면하고 있을 때이니 아 무리 봐도 이 시에 나오는 게는 살아 있는 게가 아니라 게장이다.

* 畢卓. 중국 진나라의 술꾼(로 "한 손에 술잔을 들고 다 손에 게 집게발을 들고 살 다!"라는 말을 했다.

> 눈이 가득한 강의 둔덕에 얼음이 아직 사라지지 않았는데
>
> 雪滿江皐凍未消
>
> 이때의 게장 가격은 더욱 비싸구나.
>
> 此時黃蟹價增高
>
> 손으로 게를 쪼개 들고 술잔을 드니
>
> 贈來手劈持杯看
>
> 풍미가 필탁*의 집게를 이기는구나.
>
> 風味全勝畢卓螯

겨울이라 게를 구하는 것도 쉽지 않은 때, 누군가가 가을 내내 정성 껏 만들어 둔 게장을 서거정에게 선물했던 게 아니었을까. 그렇지 않아 도 귀하고 좋아하는 게이거늘. 입안에 게를 가득 물고 행복해하는 서거 정의 표정이 절로 떠오른다.

또 한 편의 게에 관한 시는 언젠가 서거정이 병이 들었던 즈음에 지 어진 것 같다. 대부분의 병은 걸리면 입맛이 없어지고 끼니를 거르게 되기 마련인데, 서거정도 그랬던 모양이다. 그런 와중 시골의 아는 사 람이 물고기와 게를 보내왔고, 그것을 보자 가출했던 입맛이 단박에 돌

아온 서거정은 신이 나서 시를 지었다.

> 오늘 아침 눈이 번쩍 뜨이네.
>
> 今朝眼忽開
>
> 작은 물고기 보내 준 것도 고마운데
>
> 喜看魚婢至
>
> 또 이 게까지 왔네?
>
> 復此蟹奴來
>
> 저녁 식사 때 맛있는 반찬이 많고
>
> 晚飯多兼味
>
> 새로 거른 막걸리도 한 잔 마시니
>
> 新醪又一杯
>
> 쇠약해진 창자를 보양할 만한데
>
> 衰腸良可補
>
> 병든 입이 먼저 흥겨워지네.
>
> 病口興先催

과연 서거정이 어떤 형태의 게장을 좋아했는지 분명하지는 않지만, 〈촌주팔영村廚八詠〉이라는 시를 보면 조금은 예상되기도 한다.

게 등딱지랑 두 집게 다리가 모두 맛이 있으니

獨殼雙螯俱有味

마땅히 술에 넣고 밥 더 먹기 좋네.

也宜點酒更加餐

이렇게 본다면 서거정이 주로 먹었던 게장은《산림경제》에 나온 술에 담가 익힌 술 게장이었는지도 모르겠다. 어떤 게장이든 짭짤해서 밥에 곁들여 먹기에 참 좋았을 것이다.

또 이렇게 먹고 먹어도 또 먹고 싶었는지, 서거정은 어느 때인가 동네 사람에게 게를 선물 받자 기쁜 마음에 게에의 불타는 애정을 뜨겁게 고백하기까지 했다.

때는 팔월이라 벼 까끄라기를 보냈는데

時秋八月已輸芒

시골 아이가 또 광주리를 보내 주었으니 기쁘구나.

喜見村童又送匡

필로는 게 집게를 쥐고 충분히 즐겼으니

畢老持螯聊足樂

다시 (게를) 지게미에 담글 여흥은 없다네.

更無餘興到糟藏

큰 것은 쟁반만 하고 작은 것은 동전만 하니

大或如盤小似錢

술에 넣어 먹어도 되고 쪄 먹어도 되고

時能點酒又堪煎

동파거사(소동파)는 원래 (게를) 매우 좋아했는데

東坡居士宜偏嗜

나 또한 요즘 게를 죽도록 좋아한다!

我亦年來抵死憐

게에의 사랑이라면 먼 옛날의 소동파에게 지지 않을 정도라는 서거정의 자부심과 함께 게장을 담글 필요도 없다면서 또 그냥 쪄 먹고 술에 담가 먹어 댔다. 이렇게까지 자신의 먹성을 솔직히 풀어낸 사람이 또 있을까. 얼마나 게가 좋았으면 그랬을까?

이렇듯 게 사랑이 끊이지 않는 서거정이었지만, 그의 식욕은 게에만 한정된 것이 아니었으니, 그 외에도 붕어회, 찐 새우, 삶은 닭, 미나리국, 죽순의 이야기를 시로 적기도 했다. 그래 놓고선 다른 시에서는 자신은 담박한 채식을 좋아한다고[藜藿腸] 주장했는데, 이 말을 과연 누가 믿겠는가.

그런데 오직 서거정만이 게장에 미쳤던 것은 아니었다. 많은 이들이 게장의 맛에 탐닉했고, 그러다 보니 게장 때문에 사건 사고가 벌어지는 일까지 있었다. 심지어 어느 때는 반역죄에 연루되기까지 했다.

임금님을 울린
게장

어느 정도 역사적 지식을 가진 사람이라면, 게장 하면 가장 먼저 떠오르는 것이 바로 이 사건일 것이다. 경종이 게장을 먹고 암살당했다는 음모론이다.

경종 4년(1724) 8월, 경종은 크게 앓고 있었다. 원래 살이 많이 찌고 여기저기 부실했던 몸이었는데, 건강이 나빠지면서 영 먹질 못하고 있었다. 그런 와중인 21일, 임금의 밥상에 게장이 올라왔다. 내내 끼니를 거르던 경종은 갑자기 입맛이 훅 당겨 게장과 함께 오랜만에 밥을 많이 먹었다. 그런 다음 후식으로 올라온 게 땡감生柿이었는데, 식사가 끝나자 당황한 어의들이 임금에게 달려갔다.

"게장을 먹고 이어서 생감을 먹는 것은 의술에서 굉장히 꺼리는 겁니다."

그러고는 이걸 중화시키고자 두시탕豆豉湯과 곽향정기산藿香正氣散을 임금에게 올렸다. 하지만 그것도 별 소용이 없었는지 바로 다음 날로 경종은 심한 설사와 복통에 시달렸고, 며칠 지나지 않은 25일에 승하하고 만다. 그리고 세제世弟이던 연잉군이 즉위했으니 이것이 바로 영조였다.

경종의 갑작스러운 죽음과 게장은 이후 수십 년 동안 영조의 목을 잡아챈다. 경종이 죽고 나서 갓 임금이 된 영조가 한번은 궁궐 밖으로 나섰는데, 이때 군졸이었던 이천해가 임금의 행차를 향해 '무참한 말'

게장과 감으로 경종을 독
살했다는 음모론의 주인공
연잉군 (국립고궁박물관)

을 쏟아냈다. 당연히 그 자리에서 붙잡혔고 국문을 받았으나, 그는 고문에도 까닥 않고 거듭 영조에게 '못할 말'을 해 댔다. 이걸 두고 뒤에 배후가 있다느니, 그냥 미친놈이라느니 온갖 이야기가 나왔고, 이천해는 결국 처형당했다.

그런데 이때 이천해가 한 말은 어떤 말일까. 영조는 너무 심한 말이니 역사 기록으로 남기지 말라고 몇 번이고 반복해서 말했고, 실세로도 이천해의 '무참한 말' 혹은 '흉악한 말'이 어떤 내용이었는지는 알려지지 않았다. 하지만 그다음에 벌어진 일로 '똑같은 말'이 대대적으로 나돌았다.

영조가 경종을 게장으로 죽였다는 소문 및 그것을 근거로 한 반역은 이후로도 계속되었으니, 이인좌의 난이 그랬고 나주 괘서 사건도 그랬다. 그러다가 신치운의 게장 발언이 터진다.

이 사건은 시작부터 평범하지 않았으니, 영조 31년(1755)에 임금이 직접 참관한 과거시험에서 영조의 이름을 함부로 부르며 쌍욕을 쓴 답안지가 발견되었다. 이 사건을 수사하던 와중, 신치운이라는 사람이 관련자로 붙잡혀 국문을 받다가 영조를 향해 이렇게 말한 것이다.

"신은 자복하겠습니다. 신은 갑진년부터 게장을 먹지 않았으니 이게 바로 신의 역심逆心입니다."

한마디로 '니가 게장으로 선왕 경종을 죽였지!'라는 말이다. 영조는 국문장에서 이 말을 듣자 눈물을 펑펑 쏟았다고 한다. 벌컥 화를 내기보다 울었다니 의외로 연약하게도 느껴진다. 생각하면 영조는 조선 시대 임금 중에서 가장 천한 소생에게서 태어났고, 그 사실 때문에 평생을 두고 콤플렉스에 시달렸다. 여기에다 선왕이자 형을 죽였다는 말을 들었으니 마음의 상처는 깊어졌을 것이다. 그래도 이후 관련자들을 모조리 찢어 죽였으니, 그렇게까지 불쌍하게 마음 약한 사람은 아니었던 것도 같다.

하여간 이 게장 사건이 너무 유명했기에 민간에서는 게장과 감을 먹으면 단박에 죽는다는 말과 더불어 게장을 올린 게 동궁(영조)이다, 대비(인원왕후)다 등의 소문이 떠돌았던 모양이다. 그래서 영조는 게장을 올린 건 자기도 아니고, 대비도 아니며, 수라간에서 올렸음을 증명하고자 《천의소감闡義昭鑑》이란 책을 만들게 했다.

이런 대소동이 있었기 때문인지, 영조의 시대에는 '게'와 관련된 이야기가 통 없다. 원래 소식도 하고 채식도 좋아하는(그러면서도 회와 고기도 좋아했지만) 영조인데다가, 일련의 사건으로 게장의 ㄱ만 들어도 치가 떨리지 않았을까.

그러나 그의 손자였던 정조는 별로 거리낌이 없었는지 그의 시대에는 지방 곳곳에서 게가 진상되었고, 이들은 아마도 맛있는 게장으로 만들어져 임금님의 밥상에 올라왔을 것이다. 실제로도 정조는 1799년 9월 3일, 정적 겸 '편지 친구'인 심환지에게 게장 한 단지를 선물로 보냈다.

그러면 경종 죽음의 진실은 어떨까? 지금까지도 게장과 감을 함께 먹으면 사람이 죽는다는 말이 있다. 굳이 한의학의 상극을 따질 필요도 없이, 과학적으로도 감에 들어 있는 타닌 성분이 게를 딱딱하게 굳혀 소화를 힘들게 할 수도 있다. 하지만 독살이란 그렇게 '센스' 없고 막연하게 하는 게 아니다. 만약 위가 튼튼하다면야 게장과 감을 볶아 먹든 비벼 먹든 무슨 탈이 있겠는가. 그런데 원래부터 경종은 약했고, 또 죽어 가고 있었다. 그런 와중 갑자기 밥을 많이 먹으면 딸이 나지 않겠는가? 그리고 정말 연잉군(영조)이 독살 음모의 중간에 있었다면, 아픈 경종 치료 방법을 놓고 형님께 이 처방이 좋다느니 나쁘다느니 어의와 싸울 일도 없었다. 그저 어두운 한구석에 앉아 '이제쯤 약효가 돌겠군' 하며 때만 기다리면 될 일이었다.

하지만 경종이 게장을 안 먹고 더 살았더라도 무엇이 달라졌을지 의문이다. 여전히 경종의 슬하에 자식은 없었고, 이미 왕세제로서 연잉군이 책봉되어 있었다. 소론 일부는 어떻게든 연잉군을 없애고 다른 후계자를 세우고 싶어 했지만, 선대왕 숙종의 네 아들 중 어른이 되도록 살아남은 것은 오로지 경종과 연잉군(영조)뿐이었다.

물론 왕족 가계를 뒤져 보면 연잉군을 대신할 친척이 있기는 했다. 또 그런 식으로 방계에서 즉위한 사람이 이전과 이후에도 있었으니, 바로 선조와 철종이다. 그 이후 나라가 어떤 꼴이 되었던가? 또한 왕가의 사람들에게 이복이라고 해도 형제는 형제. 그래도 남보다는 나은 상대이지 않았을까. 훗날 정조도 귀양 가 있는 이복동생들이 보고 싶어 한밤중에 탈출을 한 적이 있었다. 그러니 아무리 정치적 문제가 비비 꼬여 있고 어머니가 다른 형제라곤 해도, 경종은 그나마 남보다는 동생이 낫다고 생각했는지도 모른다.

실제로도 경종의 치세 동안 목호룡의 고변이 벌어지고 왕세제가 반역의 중심이라는 이야기가 공공연히 나왔음에도 경종은 동생을 애써 감쌌으니, 어차피 경종도 연잉군이 아니면 왕 될 사람 없다고 생각했던 게 아닐까.

필자는 영조가 경종을 독살했다고 생각하지 않는다. 계획된 음모치고는 너무 허술하지 않은가? 그냥 그날의 게장이 너무 맛있었던 게 아닐까. 몸이 약해져 있던 경종이 자기 상태는 생각하지 않고 과식을 할 만큼 말이다. 결국엔 탈이 나서 목숨을 잃는 데까지 이어졌으니, 이건 독살이라기보다는 엄청나게 운이 나쁜, 곧 과식으로 인한 사고였다. 그러니 죄가 있다면 밥도둑 게장에게 있었으리라.

•서거정徐居正, 1420~1488

고려 말 '맛 사냥꾼'에 이색이 있었다면 조선 초기에는 서거정이 있었다. 집현전 출신으로 성종까지 여섯 임금을 섬긴 인물이며, 야사에서는 친구 김시습金時習과 달리 절개를 버리고 권력에 영합한 인물로 그려지곤 한다. 어쨌건 중국에서도 이름을 날린 뛰어난 문장가로 알려졌는데, 그는 그 글 솜씨로 맛난 음식들을 노래했다. 미나리국이나 붕어회, 찐 새우, 부침개, 나물반찬 등등. 그가 먹고 맛을 즐기며 쓴 시만 한가득이다.

서거정 본인은 자신이 고기 대신 채소를 좋아한다고 주장했지만, 닭이나 게는 단백질로 여기지 않은 모양이다. 그중에서 특히 게! 게장이든 찐 게든 참 좋아했다. 아마이 책에 실린 사람들 중에서 가장 게를 좋아한 인물은 그이리라.

동파거사는 본디 게를 유독 좋아했거니와
내 또한 연래에는 게를 죽도록 좋아하노라

식탐으로 이름을 남긴 소동파와 자신을 비교하기까지 하며 게에의 사랑을 풀어놓은 사람이었다.

한편으로 차를 마시는 것도 무척 좋아했다. 출세와 세상 영욕에 찌들었던 그의 평생을 생각하면 참 안 어울리는 대목이기도 하다. 하기야 입맛과 그 사람의 정치적 견해가 반드시 일치하리란 법은 없는 것이니까.

•영조 이금英祖 李昑, 1694~1776, 재위 1724~1776

영조는 반찬을 많이 올리지 않게 하고, 하루에 다섯 번 받는 수라상을 세 번만 올리게 한 검소한 임금으로 알려져 있다. 거기다 고기를 좋아하지 않고 채소를 선호했다. 그래서 영조의 장수 비결이 바로 이런 소식과 채식일 거라는 의견도 있다.

하지만 소식과는 별개로, 영조는 역대 임금 중에서 가장 국수를 좋아한 사람일 듯하다. 냉면이라면 고종이 가장 유명하지만 그는 자기 혼자 먹었고, 영조는 신하, 백성들과 함께 나누어 먹었다. 영조의 기나긴 통치 기간에 국수 이야기는 참 많이 나온다. 나이 든 신하들을 만나 잔치를 하거나 백성들과의 만나면 늘 내려 준 게 국수였다.

요즘에는 국수가 꽤 싸고 간단한 요리이지만, 이전에는 국수를 한 번 내리려면 메밀 반죽을 만들고, 이걸 국수틀에 눌러 짜내는 과정을 거쳐야 했다. 명색이 임금님이 베푸는 잔치에 백성들이 모이는 것이니 얼마나 많은 국수가 필요했겠는가.

그렇다면 왜 국수를 굳이 잔치음식으로 했을까? 당연히 임금이 좋아해서리라. 역대 임금들의 기록을 탈탈 털어 봐도 이렇게까지 국수 이야기가 나오는 경우가 없다.

국수는 긴 가닥 때문에 장수를 뜻하며, 일부러 국수를 자르지 않고 먹는 것을 생각하면 영조 자신의 삶을 비유하는 듯도 하다. 비록 영조는 젊어서는 형 경종의 죽음과 게장 때문에 고초를 겪고, 나이 들어서는 아들 사도세자의 일로 불행했지만 그래도 신하와 백성이 모두 모여 후루룩 후루룩 국수를 먹는 광경을 보며 조금은 행복해했을지도 모르겠다.

가장 소박하고
때론 가장 화려한

상추쌈

고기를 구워 먹을 때 없으면 섭섭한 게 있다. 바로 신선한 상추. 파릇파릇하고 생생한 채소에 갓 지은 밥 한 숟가락 올리고, 고기 올리고, 쌈장 살짝 곁들여 싸 먹으면 무척 행복해진다. 여기에 자그마한 참치 통조림을 하나 더하면 세상의 진미가 따로 없다. 굉장하게 준비할 것도 없이, 그저 싱싱한 상추만 있어도 되는 상추쌈. 이런 간결한 준비 덕분에 아주 오래전부터 사람들의 사랑을 받아왔던 메뉴이다.

《해동역사海東繹史》〈물산지物産志〉를 보면, 수나라 사람들이 고려(고구려)의 사신에게서 '어떤' 채소의 씨앗을 아주 비싸게 주고 사들였다고 한다. 그래서 붙은 이 풀의 이름이 천금채千金菜. '천금을 주고 사는 채소'라는 말이다. 이게 바로 상추로, 한자 표기로는 와거萵苣라고 했다. 지금은 집 앞의 자그마한 슈퍼에 가도 한 뭉치에 1천 원, 2천 원 주고 살 수 있는 값싼 채소이지만, 그건 지금의 이야기이다. 수천 년 전 외국의 사람들에게는 상추란 식물이 신기할 수도 있을 것이다. 그러니까 상추쌈, 최소한 상추의 역사는 삼국 시대까지 거슬러 올라가는 유서 깊은 것이라 하겠다.

그렇긴 해도 상추는 꽤 흔한 채소였다. 키우기 힘든 채소도 아니고, 한 번 자라면 두고두고 잎만 따 먹으며 키울 수 있으니, 한 번 수확하면 끝인 다른 채소들에 비하면 아주 훌륭한 반찬 창고였다. 그래서 중국, 일본, 류큐(오키나와)를 다녀왔던 조선 사람들의 기록을 보면 그 어느 곳

| 삼국 시대부터 흔하게 재배하고 먹어 온 유서 깊은 식재료 상추

에서도 상추를 키우고 있는 것을 보곤 했다. 그러나 신선한 잎을 따다가 밥을 싸서 먹는 방법은 우리나라에만 있었던 것 같다.

앞서 《해동역사》에는 '고려 사람은 생채에 밥을 싸 먹는다'라는 언급이 있는데, 외국인이 보기에는 참 신기한 풍습이었나 보다. 확실히 간을 하거나 양념하지도 않은 있는 그대로의 생채소에 쌈을 싸 먹는 음식 문화가 있는 것은 한국 정도다. 상추뿐만 아니라 취잎이나 호박잎, 김에도 싸 먹었다. 그래서인지 상추쌈은 한자로 와거반萬苣飯이라고 하거나, 다르게는 포아희반包兒戱飯이라고도 한 모양이다. 뜻을 풀이하자면 '애를 포대기에 싼 것 같은 밥'이란 뜻이니, 상추쌈의 모습을 있는 그대로 묘사했다.

이렇듯 아주 먼 옛날부터 수많은 사람들의 입을 즐겁게 한 상추쌈. 어째서 이런 특이한 음식이 생겼는지 이유가 궁금하다. 과연 누가 들에 솟아난 넓적한 풀을 따다가 밥을 싸서 먹어 볼 생각을 했을까? 이렇게 간단한 음식이 수백, 수천 년을 살아남았다는 데에서, 어쩌면 음식의 맛이야말로 정말 위대한 게 아닌가 싶다.

상추쌈을 좋아한
남자들

앞서 말했듯이 상추는 조선에서 매우 흔한 채소였다. 양반들이 지은 농촌의 풍경 시에는 '상추가 푸르고……'라는 구절이 곧잘 나온다. 이런 상추는 저잣거리에서 사올 수도 있었지만, 그보다 많은 사람들이 바로 집 앞 텃밭에 상추를 심고 먹고 싶을 때 따서 먹었다. 서거정이 그랬고, 정약용은 귀양살이를 하며 직접 채마 밭을 일궜다. 양반으로서는 체면이 서지 않는 일이었을지도 모르지만, 이런 일은 하고 나면 매우 보람 있는 일이다. 성종 때 문신 이행李荇은 충주로 귀양 가 있는 동안 몸소 상추를 비롯해 이것저것 심은 채소밭을 일궜는데, 그때 지은 시에는 밭을 일군 뿌듯함과 채소 키우는 기쁨이 무럭무럭 배어나고 있다.

무꽃은 이미 저물었고
蕪菁花已過
비를 맞은 상추는 살이 올랐구나.
得雨萵苣肥
진흙 속 파릇파릇한 미나리는
靑靑泥中芹
물 밖으로 향긋한 줄기가 솟아났구나.
出水亦芬菲
동쪽 밭두둑에는 외를 가득 심었으니
種瓜滿東畦
뻗은 덩굴이 갈 곳이 없는데
引蔓無所歸
좌우로 나쁜 나무들이 많으니
左右多惡木
부디 조심하여 기대지 말아라.
愼莫相因依

— 이행,《용재집容齋集》〈채소밭을 매며理蔬〉

채소를 욕심껏 잔뜩 심어 놓고 쑥쑥 잘 자라길 바라는 마음은 부모의 마음과 다를 바 없었다. 양반으로 태어나 이제까지 살면서 내내 잡은 게 붓과 먹밖에 없었을 텐데, 곡괭이를 들고 흙을 고르고 씨앗을 심는 것은 참으로 놀라운 경험이었을 것이다. 정약용이 다른 글에서 고백한 바에 따르면, 농사일이 손에 익지 않은 터라 본인은 거들기만 하고 다른 사람들이 힘든 일을 대부분 해 준 모양이지만 말이다. 아무튼 이렇게 열심히 가꾼 채소들은 당연히 밥상에 올라갔으니, 그중 상추는 야외에서 밥 먹을 때는 물론, 손님상에도 언제나 곁들일 수 있는 만능 채소였다.

들밥을 내갈 때 광주리에 담고
饁彼盈筐採
손님 대접할 때 한 움큼 뜯는다.
供賓滿掬携
상추 덕분에 잠을 줄일 수 있는데
蒙君能少睡
파종은 이른 새벽에 해야 하네.
耕種趁晨鷄

_이응희, 《옥담시집》〈만물편萬物篇 - 소채류蔬菜類〉

나들이 가는 사람들의 광주리 안에, 밥상 위에 다소곳하게 올라가 있는 상추는 지금 우리에게도 익숙한 광경이다. 잘 씻기만 하면 양념을 할 것도 없고 준비하기 편하며, 무엇보다 맛있지 않은가. 구한말 계명의숙啓明義塾을 세웠다가 만주로 망명했던 이건승李建昇이 쓴 편지에는 좀 더 능동적으로 상추쌈을 즐기는 내용이 나온다.

> 상추쌈의 잎은 손바닥 같고, 진 고추장은 엿과 같네. 여기에 현미밥으로 쌈을 싸서 크게 씹으면 거품이 턱으로 흐르고, 누에가 조금씩 잎을 갉아서 먹는 듯하고, 콩깍지를 삭삭 씹는 듯하다. 눈은 감기고 입은 찢어질 듯하니, 맛에 푹 빠져 비장이 저릿저릿하네. 열 몇 개 쌈을 급하게 삼키니 이미 그릇이 다 비었구나. 이것은 입을 속이는 법이라 하니, 솥을 벌여 놓고 먹는 것이 이상하지 않구나. 부른 배를 쓰다듬으며 누우니 맑은 바람이 한들한들 불어오네.
>
> – 이건승,《해경당수초海耕堂收草》〈와거반 시춘제萵苣飯 示春弟〉

이렇게 섬세하게 상추쌈을 즐긴 사람이 또 있었을까(고기를 못 먹어서 그런 것이긴 했지만 말이다)! 비록 좋은 반찬이 없어도 신선한 상추 이파리 뜯어다 놓고 하나둘 싸 먹다 보면 어느새 많이 먹게 되니, 밥그릇으로도 모자라서 솥을 앞에 가져다 놓고 쌈을 먹는 모습이 절로 눈에 떠오른다. 이러면 가난해서 고기 못 먹는 설움도 잊어버리는 즐거운 식사가 된다. 이렇듯 상추는 가난한 이들의 오랜 친구이기도 했다. 덧붙여 채소이니 몸에도 좋았을 테고 말이다.

또한 흔하게 볼 수 있고 자주 먹는 채소이다 보니 상추는 때로 사람들의 묵은 감정을 부채질하기도 했다. 선조 때 정여립의 난에 연루되었다는 누명을 쓴 최영경은 죽을 길로 끌려가던 도중 문득 길가의 상추를 보고 "저기에 밥이나 싸 먹었으면 좋겠다."라는 감상을 말했고, 장 희빈이 낳은 아들의 세자 책봉을 반대하다 다 늙어서 제주도로 귀양을 갔던 송시열도 그 땅에서 파릇파릇 자라나고 있는 상추를 발견하고 감상에 젖곤 했다.

사실 상추는 대단할 것도 없는 채소이건만, 오히려 그랬기에 격동의 한복판에 던져진 사람들에게는 잃어버린 평온한 일상을 떠올리게 했다. 역시나 일상은 잃고 난 다음에야 그 소중함을 알아차리게 되는 것 같다.

의외로 럭셔리하게 먹는
상추쌈

상추쌈을 먹을 때 무엇을 곁들여 먹어야 할까? 지금이야 당연한 듯이 갖은 종류의 고기구이가 올라가지만, 예전에는 고기를 쉽게 먹을 수 없었다. 무엇보다도 곁들이는 장은 어쩌란 말인가! 그런 의미에서 상추쌈을 만드는 법이 실린 19세기의 《시의전서是議全書》를 보면, 상추쌈도 간단한 요리가 아니라는 사실을 확인할 수 있다.

상추를 깨끗하게 씻어 다른 물에 담그고, 기름을 쳐서 저으면 기름이

흠뻑 상추에 배게 되니 이 잎들을 펴서 담아 둔다. 그리고 고추장에는 쇠고기를 다져 넣어 약고추장을 만들고, 웅어나 까나리, 다른 생선을 넣고 파를 썰어 넣고, 여기 기름을 쳐서 쪄낸 뒤 물에 끓여 먹는다. 쌈에는 실파와 쑥갓과 겨자채를 곁들인다.

어쩐지 요즘의 상추쌈과 비슷하면서도 또 다른 점이 눈에 띈다. 무엇보다도 눈에 띄는 점은 왜 상추를 씻을 때 굳이 기름을 치느냐는 것이다.

그 이유를 추측할 수 있게 하는 것은 1936년에 출간된 요리책인 《조선요리제법》, 《조선무쌍신식요리제법》이다. 이 책에 소개된 상추쌈 항목을 보면, 상추를 씻을 때 기름을 넣으면 상추가 기름을 빨아들여 모두 없어진다는 말이 있다. 그렇게 하고 나면 상추를 먹어도 체하지 않는다는 것이다. 확실히 상추쌈은 한꺼번에 우걱우걱 먹기 쉬운 음식이다. 그러다 보면 많이 먹고 배탈도 나기 십상인 법. 아마도 그걸 막기 위한 방책이었으리라. 정말 효과가 있는지는 알 수 없지만. 그 외에도 상추를 씻을 때에도 그을음(기생충 알)이 없는 것으로 골라 씻어야 한다는 으스스한 이야기도 함께 실려 있다. 확실히 체하는 것보다 그게 더 큰 문제였을 것 같다.

가장 화려하고도 스펙터클한 상추쌈은 궁중에서 먹는 상추쌈이리

밥

상추

절미된장조치

웅어 혹은 병어감정

장똑똑이 자반

▌임금님의 상추쌈

라. 조선의 마지막 주방 상궁이었던 한희순 씨를 통해 전해진 궁중요리 중에는 상추쌈도 당당히 한자리를 차지하고 있었다. 고작 상추쌈인데 뭐 그리 대단한 게 있었을까 하는 생각을 비웃듯이 '매우 스페셜한' 상추쌈이었다. 임금님께서 드시는 상추쌈에는 그저 밥과 상추뿐만이 아니라 생선과 고기가 함께 곁들여졌으니, 그 내용을 《이조궁정요리통고》에서 확인해 볼 수 있다.

상추 필수 재료다.

밥 마찬가지로 꼭 필요하다.

절미된장조치 조치는 찌개의 다른 말이니, 한마디로 된장찌개이다. 다만 쇠고기와 표고버섯을 넣고 끓인 호화로운 것이었다. 몇 년 묵은 된장을 걸러 넣고, 다진 쇠고기에 생강, 파, 마늘을 양념한 뒤 썬 표고와 함께 뚝배기에 넣는다. 양념은 된장과 참기름, 꿀로 하고 밥솥에서 중탕을 해서 끓이는데 여러 번 끓일수록 좋다고 한다.

웅어 혹은 병어감정 한마디로 생선 고추장 졸임. 생선을 포로 떠서 파, 마늘, 생강, 고추장을 끓인 데 넣고 졸인다.

장똑똑이 자반 조금은 생소하게 들리는 요리인데, 요즘 식으로 하면 장조림쯤 될 것이다. 다만 고기를 장조림용보다 훨씬 잘게 썰어서 만드니, 소문에 따르면 칼로 고기 끊는 소리가 똑똑 거린다 해서 장똑똑이라는 이름이 붙었다고도 한다. 만드는 법은 기름기 없는 살코기를 채 썰고, 여기에 생강, 파, 마늘을 다져 넣고 후춧가루, 설탕, 실고추로 양념해서 조린다. 국물이 거의 졸았을 때 참기름과 깨소금을 넣은 뒤 뜸을 들이면 완성이다.

여기에 보리새우볶음과 약고추장까지 있었으니, 이렇게 갖은 반찬과 함께 차려 둔 상추쌈차림은 참으로 으리으리해서 과연 임금님의 밥상이란 생각이 든다.

게다가 싸 먹는 법까지 특이했다. 궁중에서는 상추 잎을 앞이 아닌 뒤로 싸 먹어야 했다. 먼저 이파리 위에 실파와 쑥갓을 놓는다. 여기에 밥을 놓고 준비한 반찬 몇 개를 올린 뒤 참기름 한 방울을 넣어 먹는다고 했다. 참 먹기 까다롭지만 그러니까 궁중요리이리라. 뒤집어 먹는 이유는 이렇게 먹으면 절대 체하지 않는다는 미신이 있어서였다. 혹시라도 임금님이 과하게 먹었다 체하기라도 하면 국정 전반이 위기에 놓이던 전근대 시기였으니, 세심하게 신경을 썼을 법도 하다. 하지만 잎을 뒤집어서 쌈을 싸는 것은 굉장히 난이도가 높지 않았을까?

한편 《조선무쌍신식요리제법》에서 이야기하는 상추쌈은 훨씬 다채롭다. 상추 위에 얹어 먹는 채소는 쑥갓, 쪽파, 깻잎, 방아, 고수까지 참으로 다양했으니, 뭐든 먹고 싶은 대로 골라 먹어도 되었다. 싸 먹는 것도 갖은 양념을 넣고 비빈 밥이 제일 좋다고 하고, 그다음이 흰밥이라고 했다. 여기에 들어가는 양념도 궁중 것 못지않았으니, 웅어, 도미, 새우나 두부를 넣어 만든 고추장이었다. 때로는 꼴뚜기를 넣기도 했지만, 역시나 가장 좋은 반찬은 단백질, 즉 쇠고기를 썰어 넣고 파와 잣을 넣고 볶은 것이리라.

하지만 여기에서 소개된 상추쌈들은 다 궁중에서 먹던 초호화특급 스페셜 상추쌈이고, 민간에서는 그보다 훨씬 소박했을 것이다. 이응희 는 그의 《옥담시집》에 실린 〈밴댕이[蘇魚]〉라는 시에서 상추쌈의 재료 로 밴댕이를 이야기하고 있다.

절후가 단오절에 가까우면
月近端陽節
어선이 바닷가에 들어차지.
漁船滿海湄
밴댕이가 어시장에 가득 나와
蘇魚塡市口
은빛 모습이 촌락에 깔렸네.
銀雪布村岐
상추쌈으로 먹으면 맛이 으뜸이네.
味絶包苣食

하지만 이것도 꽤 여유가 있는 사람의 경우일 테고, 대부분의 서민 들은 정약용이 《다산시문집茶山詩文集》에서 묘사한 대로 '상추쌈에 보리 밥을 둘둘 싸서 삼키고는 고추장에 파뿌리를 곁들여서 먹는蒿葉團包麥飯 呑 合同椒醬與葱根' 소박하다 못해 간신히 허기를 때울 수 있는 상추쌈을 먹었으리라.

가난한 이들의
쌈밥

정약용이 강진에서 유배 생활을 하고 있을 때, 두 아들에게 보낸 편지가 있다.

내가 이번 여름에 다산에 있으면서 상추쌈을 먹으니 손님이 물어보았다. 쌈을 싸서 먹는 것과 절여서 먹는 것과 무슨 차이가 있느냐고. 나는 '나의 입을 속이는 법[欺口法]이다'라고 한 일이 있다.

이게 무슨 소리냐면, 먹을 밥은 적고 번듯한 반찬도 없는 추레한 밥상에서 그나마 상추로 쌈을 싸서 먹는 양을 늘리고 있다는 말이다. 그도 그럴 것이 10년 넘게 유배 생활을 하고 있는 가난한 유학자의 밥상에는 앞에서 소개한 조치나 감정은커녕, 제대로 된 고기 한 점 오르기도 어려웠으리라. 지금이라면 채소에 보리밥을 먹는 것이 건강에 좋은 '웰빙 식단'이라 하겠지만, 당장 가난하고 힘들었던 그에게 이 말을 해봐야 별 위로는 되지 못할 것이다.

앞서 상추쌈을 매우 맛있게 먹는 글을 썼던 이건승도 고기를 먹지 못해 상추만 먹고 있다는 것이 편지의 본 내용이었고, 이 소식을 받은 임당 하성재는 돈을 보내며 이걸로 고기 드시고 상추만 먹지 말라는 답신을 보내곤 했다. 역시 아무리 상추가 좋아도 고기만 못한 것일까? 아니다, 고기도 있고 상추도 있는 게 제일 좋았을 것이다.

똑같이 가난했던 실학자 이덕무 역시 상추쌈을 잘 먹었다. 하지만 아무리 가난해도 꼬장꼬장한 선비 기질은 어디로 가시 않았는지 그가 남긴 《사소절士小節》에 상추쌈을 먹을 때 주의할 점을 낱낱이 적어 두고 있다. 먼저 상추나 취, 김으로 밥을 싸 먹을 때는 손바닥에 직접 놓고 싸지 말라고 적고 있다. 더럽고 거만하다는 이유였다. 손을 안 씻어서 그런 건지, 욕심 넘치게 마구 이것저것 넣어 쌈을 크게 해서인지, 어쩌면 양쪽 다일 수도 있다. 그럼 어떻게 해야 하는가? 간서치 이덕무가 가르쳐 주는 올바른 쌈 방법이란 요즘 상추쌈 먹는 방법과는 꽤나 달라서 신기하다.

1. 숟가락으로 밥을 떠서 그릇 위에 가로놓는다.
2. 젓가락으로 쌈 이파리를 두세 개 집어다가 밥 위에 단정히 덮는다.
3. 숟가락째 입에다 넣고 그다음 장을 찍어서 먹는다.

즉 쌈밥을 먼저 입에 넣은 다음 장을 따로 입에 넣는다는 건데, 왜 꼭 이렇게 먹었어야 했을까? 아무래도 먹을 때 잎이 터지고 장이 새면 곤란해지기 때문에 이런 예절을 기록한 모양이다. 하지만 이 방법은 화려한 젓가락 놀림이 필요한 방법이기도 하다.

실제로도 이런 번거로움 때문에 매번 쌈 재료와 밥을 내놓는 대신, 처음부터 밥을 상추에 싸서 쌓아 놓고 집어 먹는 방법도 있었던 모양이다.

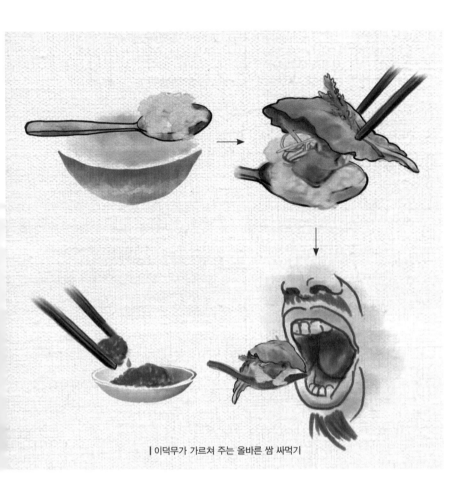

| 이덕무가 가르쳐 주는 올바른 쌈 싸먹기

쟁반에 쌓인 상추 쌈밥도 신선하구나.

盤堆萵苣菜包新

《격경집擊磬集》〈귀천기속시歸川紀俗詩〉의 한 구절은 이렇게 포장 완료된 채 쌓여 있는 쌈밥을 이야기하고 있다. 이 시가 지어진 조선 말기에는 이런 쌈밥이 꽤 흔하면서도 즐겨 먹었던 음식인 것 같다. 하지만 이렇게 남의 손을 빌어 곱게 싸여 나오는 밥보다는 역시 내 손으로 내가 먹고 싶은 걸 골라 담아 싸 먹는 것이 훨씬 맛있지 않을까.

비록 이덕무는 입이 터질 정도로 커다란 상추쌈을 싸 먹는 것이 보기 흉하다고 잔소리를 남겼고, 《조선요리제법》에서는 손을 절대로 쓰지 말고 밥 위에 고추장을 조금 놓고 상추를 젓가락으로 집고 밥 위에 얹어 먹어야 한다는 말을 하지만, 손바닥 가득 쌈의 온도를 느끼며 입 안에 쑤셔 넣는 것도 나름대로 쌈의 맛이다. 그래서 오늘 저녁만큼은 반드시 쌈밥을 먹고 말겠다는 의지가 샘솟으니, 이는 선현의 위대한 가르침 덕분인 듯하다.

| 요리를 사랑한 남자들 |

•이덕무 李德懋, 1741~1793

책을 너무나도 좋아해서 스스로를 간서치看書痴라고 부르고, 가난에 시달리면서도 공부를 했으며, 마침내 정조의 눈에 들어 작은 관직이나마 했던 불우한 학자로 알려진 사람이 바로 이덕무이다.

이덕무는 먹거리에 무척 관심이 많았다. 먹을 것에 매우 깐깐해서 요즘 식으로 하면 '테이블 매너'까지 대대적으로 정리하는 등 참으로 사소한 것에까지 신경을 썼다. 장을 먹다가 재채기를 하지 말라는 둥, 참외 먹다가 이빨 자국 남은 걸 남에게 직접 주지 말라는 둥, 떡은 너무 질게 만들면 안 된다는 둥. 지금 시각으로 보면 당연한 것이지만 당시 사람들이 잘 지키지 않는 것을 조목조목 정리해서 조선 시대 밥상 예절이 어땠을지 상상하게끔 한다.

이렇게 보면 참 점잖고 엄숙한 사람이었는데, 그에게도 좋아서 사족을 못 쓰는 먹거리가 있었으니 바로 단것이었다. 이덕무의 편지 두 통은 그의 단것에의 탐닉을 절절하게 보여 주고 있어 보는 사람의 심금을 울린다. 하나는 곶감 100개를 선물 받고 너무 기쁜 나머지 이걸 먹으며 당신을 백 번 생각하겠다는 감사의 마음을 담은 것이다. 또 다른 하나는 하소연이다. 당시 이덕무의 입맛은 워낙 유명해서 주변 사람들이 일부러 챙겨 주기까지 했는데, 박제가만큼은 주기는커녕 혼자서 먹고 심지어 이덕무의 먹을 것까지 뺏어 먹었다고 한다. 이덕무는 성격 탓인지 직접 화는 못 내고 이서구에게 대신 그를 좀 혼내 달라고 하소연한 것이다.

임금님도 좋아한

서민 음식

냉면

어린 시절에 부모님이 외식을 하자며 냉면을 사 주실 때 마음속 깊이 못마땅했던 기억이 있다. 차갑고 시큼하고 질깃질깃한 면발이 무슨 맛인지 잘 모르겠고, 대신 기름진 햄버거나 핫도그를 먹고 싶은 것이 아이의 입맛이었다. 이제 한국 각지의 냉면 맛집 리스트를 뽑아 두고 미처 가지 못한 냉면의 숨은 맛집 사진이 SNS에 올라올 때마다 군침을 꼴딱꼴딱 삼키게 되었으니 과연 나이에 따라 입맛은 변하나 보다.

그렇게 어른이 되어서 알게 된 냉면의 세계는 깊고도 복잡했다. 평양냉면, 함흥냉면이 냉면의 전부라고 생각했건만, 자세히 알아보니 평양이라면 모를까 함흥에는 회국수가 있을지언정 냉면은 없었다. 상대적으로 덜 유명하지만 멸치로 국물을 내고 배추김치를 썰어 얹는 진주식 냉면도 있다. 또 부산에 놀러 갔다가 밀면을 처음 먹었을 때의 충격은 아직도 잊지 못한다. 게다가 냉면의 종류도 물냉면과 비빔냉면이 전부가 아니라서 회냉면, 열무냉면 등 다양하다.

심지어 유명한 냉면집에는 맛의 계보도까지 있었다! 처음 누가 어느 가게에서 냉면을 팔기 시작했다가, 그게 자식 대로 넘어가면서 여기저기 다른 가게로 나누어지고, 각 집별로 맛과 특징이 조금씩 다르다는 이야기까지! 이야말로 냉면의 왕국이며, '냉면 테이스티 로드'라고나 할까. 곳곳의 냉면 명가들의 특징 및 방문 리스트를 보며 언젠가 저걸 다 맛보겠다는 과욕을 부리기도 했지만, 아직까지도 미처 달성하지 못한 소원이 되었다.

이렇듯 화려하기 짝이 없는 냉면의 현재에 비하면 과거는 상당히 초라했으니, 지금처럼 확실히 냉면이라 이름 붙여진 일품요리라기보다는 국수의 한 종류로 꽤 느슨하게 구분이 되었을 뿐인 것 같다. 한마디로 국수를 삶아 따뜻한 국물에 말면 온면이 되고, 차가운 국물에 넣으면 냉면이 되는 것이다. 그렇다 보니 조선 사람들이 남긴 기록에서 제대로 '냉면'이 언급되는 것은 의외로 늦어서 장유張維의 《계곡집谿谷集》에 나온 것이 처음인 듯하다.

자주색 장국에 냉면을 먹으며

紫漿冷麵

높고도 엄숙한 집에 이미 기쁘거니와

已喜高齋敞

게다가 별미를 맛보게 되니 더욱 새로워라.

還驚異味新

자주색 장국에 노을색이 영롱하고

紫漿霞色映

옥가루가 눈꽃처럼 골고루 내려지니

玉紛雪花勻

젓가락으로 들어 넣으니 입안에서 향긋함이 살아나는구나.

入箸香生齒

갑자기 몸이 추워져서 옷을 껴입었도다.

添衣冷徹身

나그네 시름 이로부터 해소되리니.

客愁從此破

귀경歸京의 꿈 다시는 괴롭히지 않으리라.

歸夢不湏頻

　인조반정의 주역이자, 효종의 장인이며 우리나라 담배의 선구자라고 할 만큼 지독한 골초였던 장유. 그는 여행을 다니던 중 냉면을 얻어먹고 기분이 좋아 이런 시를 남겼는데, 여기에서 묘사되는 냉면의 모습이 지금 우리가 알고 있는 냉면과 사뭇 달라 많은 호기심을 불러일으킨다.

　일단 냉면의 국물이 자주색인 것은 대체 무슨 까닭이며, 또 냉면 위에 편육과 무절임, 오이는 어디 가고 하얀 가루가 뿌려져 있단 말인가. 어쨌거나 먹고 나서 몸이 서늘해지는 것을 보니 냉면은 냉면이겠지만. 장유가 후루룩 먹었던 자주색 냉면이 과연 무엇으로 만들어졌고 어떤 맛일지 궁금해진다.

　그로부터 세월이 흘러 정조 시절의 세시풍속을 정리한《동국세시기》에도 냉면이 나온다.

❙ 조선 시대부터 대표적인 외식 메뉴였던 냉면

메밀국수를 무김치와 배추김치에 말고 돼지고기를 썰어 넣은 것을
냉면이라고 한다.

이 설명을 보면 우리가 알고 있는 냉면과 꽤 흡사하지만, 동치미가
아닌 무김치나 배추김치에 말아먹는다는 게 신기하다. 혹시 비빔국수
가 아닐까 생각도 들지만, 진짜 비빔국수는 냉면 바로 다음에 골동면
이라는 이름으로 소개된다.

또 하나 재미있는 것은 이 요리가 여름이 아닌 11월, 즉 겨울의 별미
로 소개되고 있다는 점이다. 이제는 상상도 할 수 없지만 겨울만 되면
한강이 꽝꽝 얼어 사람들이 얼음낚시를 하고 아이들은 썰매를 타고 놀
았던 그때 그 시절, 뼛속까지 시려 오는 냉면을 먹는 것은 과연 어떤 맛
일지 궁금하다. 이렇듯 냉면의 기록이 그리 많지 않다 보니 냉면이 만
들어진 것도, 먹게 된 것도 지극히 최근의 일이겠거니 생각이 든다. 하
지만 음식의 연원을 샅샅이 찾아보면 그것도 아니다.

냉면의 조상님,
냉도

냉면의 역사를 거슬러 올라가다 보면 꽤 오래되었으니, 우리나라가
아니라 중국에서부터 시작된 것으로 보인다.

당나라의 법도를 정리한 《당육전唐六典》을 보면 궁중에서 여름에 연

회 상에 올리는 특별한 음식으로 냉도冷淘가 있었다. 그리고 대부분의 궁중 요리가 그러하듯 시간이 흐르면서 차츰 민간에 퍼지게 되었다. 여기저기에서 가지각색의 재료로 냉도를 만들어 먹었는데, 수화水花, 곧 연꽃을 쓰기도 하는 등 다양한 재료를 넣은 것 같다. 그중 가장 유명한 것은 홰나무 잎이었다. 그래서 괴엽냉도槐葉冷淘라고도 했으니, 홰나무 잎을 잘게 썰어 즙을 내어 밀가루에 섞고, 국물에도 섞어 면을 뽑아 차갑게 말아 먹었던 것이다. 맛은 당연히 시원하고 달았다고 한다. 이 요리의 맛을 즐긴 인물이 바로 송나라 때의 미식가인 소동파였다.

푸르고 푸른 저 높은 홰나무 이파리를

靑靑高槐葉

모아서 주방으로 보내니

採掇付中厨

새로 뽑은 국수를 가까운 시장에서 들여오니

新麵來近市

즙과 건더기가 서로 어우러지는구나.

汁滓宛相俱

맛난 걸 먹으면서 그걸 만드는 방법도 간단하게나마 소개했으니, 그야말로 맛의 전도사다운 시라고나 할까.

그런데 소동파가 맛있게 먹은 것까지는 좋은데, 과연 홰나무 이파리는 무슨 맛일까.《동의보감》을 보아도 홰나무 꽃이나 나무즙 정도는 약으로 썼지만 잎을 먹는다는 이야기는 없다. 그렇다고 지금 이 순간 직접 잎을 따와 썰어서 요리로 해 먹을 용기는 나지 않는다. 아무튼 찬 국물에 밀가루 국수를 말아 먹는 요리인 것만은 분명하고, 이게 우리나라에 전해졌던 것 같다. 그리고 이를 즐겁게 먹은 것이 바로 소동파 못지않게 맛나 걸 좋아했던 고려 말의 목은 이색이다.

> 더운 구름이 온종일 쇠한 얼굴 비추어
>
> 火雲終日照衰顔
>
> 팔면이 텅 빈 집에 관도 안 쓰고 앉았노니
>
> 八面虛堂坐不冠
>
> 도엽냉도는 시원함이 뼈에 사무친다.
>
> 桃葉冷淘淸入骨
>
> _ 이색,《목은시고》17권 〈하일즉사夏日卽事〉

찔 듯이 더운 날씨에 축 처져 있다가 냉도를 먹고 기운 차리는 모습을 실감나게 적고 있는 시이다. 그런데 여기에서는 냉도의 재료로 홰나무槐가 아닌 복숭아 잎을 쓰고 있다. 잘못 쓴 게 아니냐는 의견도 있지만, 앞서 본대로 중국에서도 다른 재료를 쓴 냉도가 있으니, 재료는 아무거나 괜찮지 않았을까. 적어도 더운 한여름에 먹은 시원한 음식인 것만은 분명하니 말이다.

사림파를 이끌었던 점필재 김종직도 비 오는 날 하릴없이 냉도 세 그릇을 비우고 배를 문지르면서 시를 남겼다. 즉 의외로 많은 사람들이 냉도를 먹었던 것 같다. 하기야 덥고 힘든 날에 더위를 달래기에 이만큼 좋은 음식이 또 있었겠는가?

《산림경제》등 18세기 책에서는 냉도 대신 취루면翠縷麪이라는 요리가 실려 있음을 볼 수 있다. 레시피를 보면 홰나무 잎槐葉을 잘게 썰어 즙을 내고, 이걸 면과 국물에 섞고 고기와 표고버섯을 곁들이면 더욱 맛이 좋다고 했다. 과연 비취라는 이름답게 빛깔은 초록색이고 맛은 달다고 한다. 싱싱한 나무의 이파리를 썼으니 그런 색이 나오는 것도 당연하리라.

그런데 그 단맛은 홰나무의 맛일까? 그건 알 수 없다. 냉도는 냉면의 한 종류로 여겨지긴 하지만,《성호사설》의 저자 이익은 냉도를 찬 국물에 떡을 썰어 넣는 요리로 추정했고 그래서 유두일에 먹는 수단水團의 조상으로 여기기도 했다.

한편 중국에는 량면凉麪이란 요리도 있었다. 량면 역시 중국 당나라 때부터 먹기 시작했고, 면을 뽑아 식혀 먹는 음식이니 훨씬 더 냉면의 조상님 같기는 하다. 그런데 량면은 면을 차갑게 먹는 것까진 같은데, 간장을 기초로 한 양념을 넣어 비벼 먹는 것이었다. 당연히 국수가 퐁당 잠길 만한 국물이 없었다. 그래서 중국에서도 량면과 조선 냉면은 엄연히 다른 요리로 구분하고 있다.

분명한 것은 기원이 냉도이든, 국수이든 이 땅에 전해진 이후 현지 상황에 맞게 개량되었고, 마침내 이것이 지금의 냉면이 되었다는 것이다.

냉면의 3대
요소

과연 옛 사람들은 냉면을 어떻게 만들었을까? 앞서 소개한 장유가 먹었던 냉면은 국물 색깔도 그렇거니와 소동파나 이색의 냉도와는 아주 다른 요리였다. 대체 어떻게 조리했기에 국물이 자주색이 되었을까? 혹시 색깔 있는 순무로 담근 김치에서 물이 우러나오기라도 한 걸까? 궁금해진다. 이 자리를 빌려 추측건대, 이 빛깔은 바로 오미자의 색깔인 듯하다.

《음식디미방》에는 '메밀국수를 오미자국에 담가 잣을 고명으로 뿌리면 여름 음식으로 매우 훌륭하다'라는 언급이 있다. 비록 냉도라는 이름의 요리는 아니지만, 흘낏 내용만 봐도 훌륭한 냉도이자 냉면의 레시피이다.

이후 시대의 요리책인 《시의전서》에는 난면, 시면이란 요리가 실려 있다. 녹말이나 밀가루로 면을 만들어 꿀을 탄 오미자국에 면을 퐁당 집어넣고 그 위에 잣을 뿌리는 요리다. 이 요리는 아직까지 창면昌麵이라는 다른 이름으로 남아 있다. 양푼 바닥에 기름을 살짝 바르고 녹말 물을 조금 부어 끓는 물에 올린 뒤, 이것이 엉기면 들어내 찬 물에 식히고 채를 쳐서 국수를 만든다. 이렇게 만든 국수를 오미자국에 말아 놓고 잣을 띄우는 요리다. 레시피만 본다면 냉도와 냉면 사이를 연결해 줄 음식 같다.

그런데 오미자 국물이라면 당연히 붉은 기가 돌 것이고, 그렇다면

그릇 색깔에 따라 보라색으로
보이지 않았을까. 게다가
하얀 가루도 뿌려져 있고
말이다.

| 진주면

이것과 비슷한 요리가 《역
주방문歷酒方文》에서는 진주면眞珠
麵이라고 소개되었으니, 밀가루나 기장
쌀을 잘 삶아 녹말을 묻힌 뒤 꿀을 탄 오
미자 달인 물에 담는 요리였다. 손님이 술에 반쯤 취했을 때 내는 음식
이라고 하는데, 왠지 삼겹살을 구워 먹고 입가심으로 먹는 시원한 냉
면이 떠오른다. 확실히 새콤달콤한 맛이 입안을 씻어 주고 술 깨는 데
도 참 좋을 테니 먹게 된 것이리라.

그렇다면 어째서 소동파가 먹던 홰나무 잎이 오미자로 대체되었을
까? 아마도 조선에서는 오미자가 훨씬 흔했기 때문이 아니었을까. 익
히 알려진 바이지만 중국과 조선에서는 쉽게 구할 수 있는 식재료가
다르다. 귤이 회수를 건너면 탱자가 되듯이 냉도 혹은 냉면의 현지화
가 벌어진 것이리라. 아니면 오미자가 홰나무보다 더 맛있었을 수도
있고 말이다.

그런데 우리가 좋아하는 냉면은 역시 오미자 국수보다는 뿌연 육수
에 퐁당 들어간 국수 한 덩이, 반달 모양으로 썬 배와 절인 무, 고기 조

각, 삶은 달걀 반쪽이 올라가 있는 그것이 아니던가? 지금 우리가 먹는 냉면은 어떻게 만들어지게 되었을까? 냉면의 변천 과정을 면, 육수, 꾸미라는 냉면의 3대 요소가 시간에 따라 어떻게 변했는지를 통해 살펴보도록 하자.

요소 1
면

지금이야 면을 먹으려면 부엌 어딘가에 있는 말린 국수 한 줌을 꺼내 끓는 물에 넣어 삶으면 그만이다. 하지만 이는 밀가루 수입이 많아지고 공장이 들어선 요즘의 일이지, 예전에는 그럴 수 없었다. 아마도 냉면이란 요리가 처음 조선에 자리 잡았을 때(그 조상이 냉도였다면) 가장 큰 문제가 되었을 것이다. 왜냐하면 밀가루를 구하기가 너무 어려웠으니까.

중국, 특히 화북 지역의 주요 산물은 밀이다. 그러다 보니 주로 먹는 요리들도 밀가루로 만든 만두나 면 종류가 많아지는 것이 자연스럽다. 하지만 우리나라는 아니었다. 밀은 우리나라 기후에서 잘 자라는 작물이 아니었고, 그러다 보니 밀가루는 대부분이 수입품으로 진말眞末 혹은 진가루라고 했다. 당연히 귀하고도 귀한 식재료였으니, 어떻게 귀한 밀가루로 면을 뽑을 수 있었겠는가!

그래서 대용품을 썼으니 바로 메밀이었다. 메밀은 거친 기후에도 잘 자라는 작물이었기에 조선 정부는 백성에게 가뭄 및 굶주림을 대비하여 메밀 심을 것을 권장하기도 했다. 그렇게 거둔 메밀을 어떻게 했을까? 당연히 가루로 만들어 반죽해 면을 뽑았다. 《음식디미방》에는 면 뽑아내는 이야기가 있는데, 그 절차가 복잡하면서도 흥미진진하다.

> 메밀을 씻어서 적당히 말리고 불순물을 골라낸 뒤 물을 뿌려 둔다. 녹두도 껍질을 벗겨 깨끗하게 씻어 둔다. 물이 빠지면 메밀 5되에 녹두 한 국자의 비율로 찧는다. 그런 뒤 겉가루를 체로 치고 키로 까불어 흰 쌀을 골라낸 다음 다시 찧는다. 가루는 매우 하얀데, 더운 물을 부어 반죽하면 희고 깨끗한 국수가 된다.

메밀로 만든 국수라고 하면 일본식 판 메밀국수가 익숙하다 보니 까만색 국수가 나오나 하겠지만, 정작 메밀을 잘 씻어서 껍질을 까부르면 놀랍게도 뽀얀 색깔이 된다고 한다. 1909년 조선의 문물을 묘사한 《조선만화》에서도 조선의 국수는 눈처럼 희고 일본의 국수보다 훨씬 하얗다고 말하니, 조선의 메밀국수는 하얀색이었던 모양이다.

하지만 순수한 메밀만으로는 국수를 만들 수 없다. 찰기가 없기에, 즉 글루텐이 생성이 되지 않기 때문에 국수 모양으로 만들어 봐야 길게 늘어지지 않고 뚝뚝 끊어지기 때문이다. 그렇기 때문에 《음식디미방》에서는 메밀가루에 녹두를 함께 넣었다. 녹두 외에는 녹말을 넣기도 했고, 궁중에서는 아예 녹말만으로 국수를 만들기도 했다.

면을 뽑는 것도 반죽을 만드는 것만큼 무척 힘든 일이었다. 만들어

| 국수 누르는 모양

진 국수 반죽을 납작하게 늘여 놓고 칼로 실처럼 가늘게 썰거나, 구멍
을 숭숭 뚫어 놓은 바가지나 나무와 무쇠로 만든 국수틀에 넣고 눌러
뽑아낸 뒤 뜨거운 물에 넣고 삶아 찬물에 씻으면 국수가 완성된다. 이

렇게 말하면 간단하지만 국수틀을 누르는 것은 굉장히 많은 힘이 필요한 작업이었으니, 김준근의 〈기산풍속도첩箕山風俗圖帖〉에서 성인 남자가 국수틀 위로 올라가 거꾸로 벽에 매달려 등으로 누르는 광경은 결코 과장이 아니었다. 이응희는 그의 문집《옥담사집》에서 국수 뽑는 것을 이렇게 묘사했다.

반죽을 눌러 천 가락을 뽑고
按罷千絲細
식칼로 썰어 만 가닥을 만든다.
刀成萬縷香

이렇게 보면 국수를 눌러 뽑는 것도 그렇지만 칼로 썰어 면을 만들 때에도 요즘 칼국수처럼 넙적하게 썰기보단 얇게, 그저 얇게 써는 것을 최고로 쳤던 모양이다. 대체 어떻게 썰면 만 가닥을 만들 수 있을까. 그러려면 매우 능숙한 칼솜씨가 필요했을 것이다.

즉 국수란 준비하는 데 매우 손이 많이 가고 만들기도 힘든 음식이었다. 그렇다 보니 집에서 만드는 것은 의외로 힘들었고 그래서 때론 밖에서 사 오기도 했다. 이유원의《임하필기林下筆記》에는 한밤중 갑자기 냉면이 먹고 싶어진 순조가 면을 사 오게 하는 이야기가 있고, 냉면을 매우 좋아했던 임금인 고종 역시 국수를 대한문 바깥의 가게에서 사 오게 했다고 하니, 국수를 사다 먹는 것은 조선 사람들에게는 꽤나 일상적인 일이었던 것 같다.

요소 2
육수

앞서 소개한 냉도도 그렇지만 시면, 난면은 오미자 국물에 면을 담그는 요리였다. 하지만 어느샌가 동치미가 냉면 육수의 양좌를 물려받게 된 것 같다. 원래 동치미란 무를 사용해서 담근 국물김치로, 겨울에 담근다 해서 동침, 동팀多沈, 冬沈葅이라고 했다. 이게 오래 시간이 흐르다 보니 연음 현상이 나타나 동침이, 마침내 동치미라는 말이 된 것이니 언어의 변화는 참 재미있다.

동치미는 맑은 국물과 개운한 신맛이 특징이다. 그렇기에 참으로 많은 조선 사람들이 동치미를 무척 사랑했고, 또 자주 먹었다. 성대중은 《청성잡기靑城雜記》에서 병자호란 때 혼자서 오랑캐들을 때려잡은 절름발이 서자 이야기를 적는 와중, 동치미의 시원하고도 새콤한 국물 맛에 이런 표현을 각별히 덧붙였다.

누가 그 맛을 알겠는가?
有誰知之

한참 서자의 활약상을 이야기하던 와중 뜬금없이 이런 말을 집어넣었으니, 성대중은 동치미를 얼마나 좋아했던 걸까. 실제로도 이야기 속의 오랑캐들은 동치미를 넋 놓고 먹다가 항아리 속에 머리를 박기까지 했으니(그러다 절름발이 서자에게 기습을 받아 죽었으니) 말 그대로 둘이 먹다 둘이 죽어도 모를 맛이라 하겠다.

조선 사람들의 동치미 사랑은 유별난 데가 있어서 심지어 중국을 여행하면서도 꼭 동치미를 찾아 먹었다. 그런데 무슨 연유로 중국에 동치미가 있었을까? 원래 중국 음식은 아니지만, 호란 때 잡혀 간 조선 사람들도 있었고, 역관들이 만드는 법을 가르치기도 했다고 한다. 무엇보다 워낙 조선 사람들이 동치미를 많이 찾다 보니 만드는 법을 배워서 손님상에 내놓았던 게 아닐까 싶다. 그런데 조선 선비들은 우리나라 동치미 맛이 아니다, 어디 것이 차라리 낫다며 투덜댔으니, 언제 어디서나 맛의 '꼰대'들은 있었던 모양이다.

오미자 국물을 동치미가 대체한 까닭은 역시나 그 기막힌 맛 때문이었을 것 같다. 그토록 맛있는 동치미 국물이었으니, 여기에 국수를 말면 이미 '끝판왕'이었으니까. 다른 김칫국물도 냉면의 육수로 이용되었다.《시의전서》에도 맛 좋은 나박김치 국물에 꿀을 넣어 여기에 국수를 말아 먹는 요리가 나왔는데, 이걸 김치냉면이라고 불렀다.

그러나 동치미 국물만으로 부족한 사람들은 냉면 육수에 고기의 국물 맛을 더하려 했으니, 대표적인 게 꿩이었다.《규합총서閨閤叢書》에서는 동치미 만드는 법을 소개하는 동시에 곁들일 꿩 국물 내는 법도 함께 적고 있다.

고깃국물 내는 것은 간단하니, 꿩을 손질해서 물을 붓고 끓여 백숙을 만들고, 살을 발라 잘게 썰어 국물에 넣는다. 이때 중요한 점은 국물에서 기름을 잘 제거해야 한다는 것인데, 그렇지 않으면 김치의 맛이

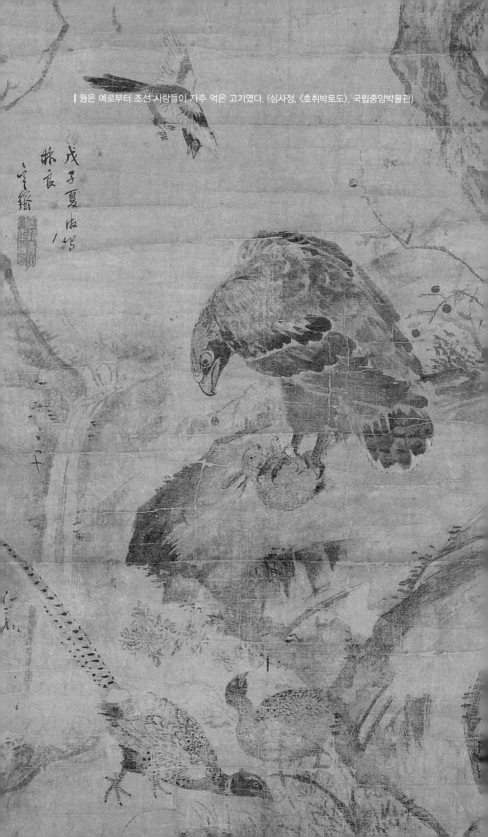

꿩은 예로부터 조선 사람들이 자주 먹은 고기였다. (심사정, 〈호취박토도〉, 국립중앙박물관)

묻히기 때문이었다. 그렇게 만든 고기 국물을 동치미 국물과 적당히 섞으면 맛난 생치 김치, 혹은 꿩 고깃국이 되고, 여기에 국수를 넣으면 저절로 동치미 냉면이 되었다.

만약 꿩이 없으면 대신 닭으로 국물을 내어 면을 말았으니, 이게 닭 냉면이었다.

한편《이조궁정요리통고》에는 쇠고기 양지머리 1근이 육수 레시피에 실려 있으니, 궁궐쯤 되면 쇠고기 장국으로 냉면 육수를 만들었던 모양이다. 다만 여기에도 식초와 설탕을 넣어 맛을 더했으니 새콤달콤한 맛이 냉면 육수의 정석이었던 것은 분명하다.

그렇다 해도 꼭 동치미와 육수가 정석은 아니었다. 앞서 말한 대로 찬 국물에 국수를 넣으면 뭐든 냉면이 될 수 있었다.《조선무쌍신식요리제법》에 따르면, 가게의 냉면은 고기와 닭 국물 식힌 것을 육수로 삼고, 집의 냉면은 장국이나 깻국, 콩국에 말았다. 찬 콩국에 국수를 넣으면 냉면이 아니라 콩국수라고 불러야 할 것 같으니, 이는 곧 1940년대까지만 해도 냉면과 콩국수가 분명하게 분화되지 않았다는 증거가 아닐까 한다.

이렇게 하여 냉도나 오미자 국수는 차츰 시대의 뒤안길로 사라지고, 대신 동치미 국물 냉면이 그 자리를 대신하는 지각변동이 일어났다. 원래 냉도는 여름에 더위를 식히고자 먹는 시원한 음식이었는데, 동치미가 국물의 주요 재료가 되면서 냉면은 겨울 요리가 된 듯하다. 동치미는 겨울에 담가 먹는 음식인 탓도 있겠고, 또 국물을 식힐 시원한 얼음을 구하기에는 겨울이 훨씬 편리했기 때문이리라.

어떻게 보면 냉장고가 없었던 시절의 어쩔 수 없는 사정이라고 할 수 있지만, 그렇다 해도 조선 사람들은 겨울에 먹는 냉면을 매우 사랑했다. 오죽했으면 옛날 요리책에서는 '여름 냉면은 겨울만 못하다!'라는 말이 나왔을까.

심지어 1920년대에 프랑스에서 유학을 했던 이정섭李晶燮은 추운 겨울날 온돌방에서 친구들과 갈비를 구워 먹고 냉면을 먹는 것을 그리워했으며, 1940년 홍선표가 지은 《조선요리학朝鮮料理學》에는 '한겨울에 온돌방에 앉아 동치미 국물을 먹는 것은 한여름에 시원한 사이다를 마시는 것과 같다!'라는 말까지 있으니, 추운 날씨에 냉면을 먹는 것은 진실로 별미였던 모양이다.

요소 3
꾸미

꾸미는 국수 위에 올리는 고명이다. 이 장 처음에서 장유가 말한 냉면에 올라간 하얀 가루는 아마도 오미자국에 자주 올라가는 잣가루인 듯하다. 이런 여파가 남아 있어서인지 후대의 냉면에도 가끔 잣가루가 올라갔지만, 역시 꾸미의 정석하면 편육이 아니겠는가. 정조 때의 《동국세시기》를 보면 이미 당시부터 냉면 위에 얇게 썬 고기를 올리고 있었다. 그리고 시일이 흐르면서 약간의 변화가 있기는 했다.

《진찬의궤進饌儀軌》,《진작의궤進爵儀軌》에서는 냉면 위에 배와 꿀, 잣이 올라가고, 양지머리와 돼지고기도 올라갔으며, 고춧가루를 뿌리기도 했다. 그러다《규곤요람閨壼要覽》에서는 복숭아를 냉면 위에 올렸다. 새콤달콤한 맛이니 크게 어색하진 않을 것도 같지만, 신기하기도 하다. 1915년《부인필지婦人必知》에서는 배, 유자, 잣, 달걀지단과 후춧가루를 올린다고 했다. 또 무동치미 국물로 만드는 냉면에는 남은 건더기, 즉 김치를 썰어 올리는 일이 자연스러웠던 것 같다. 무김치 냉면에는 썰어 놓은 무, 배추김치 냉면에는 배추김치 썬 것이 올라갔다. 고기로 국물을 낸다면 당연히 삶고 난 고기를 꾸미로 올렸으니, 돼지고기를 꾸미로 올리거나 쇠고기도 상관없었다.

여기까지는 그나마 있을 법한 꾸미들이지만, 때론 어마어마하게 다채로운 것들이 올라가기도 했던 것 같다.《규합총서》에서는 돼지고기 편육, 달걀지단, 후춧가루, 잣, 동치미 무, 배, 유자를 얹는다고 한 것으로 보아 매우 호화로운 차림이었다.《이조궁정요리통고》를 보면 육회, 고기완자, 표고버섯, 석이버섯 및 실고추를 얹는 것으로 되어 있다. 우리가 알고 있는 냉면과 다른 요리처럼 보인다.

그러다가 1950년에 나온《조선무쌍신식요리제법》에서는 가게 냉면에 고명으로 돼지고기, 수육, 전유어, 배추김치, 배, 대추, 복숭아, 능금, 잣, 삶은 달걀, 달걀지단, 석이버섯, 실고추를 고명으로 놓는다고 했다. 또 집에서 만드는 냉면에는 소금에 절인 오이를 기름에 볶은 것

(아니면 미나리), 달걀지단, 석이버섯, 잘게 썬 고기 볶은 것, 잣을 올린다고 했다. 그 외에 표고버섯이나 애호박, 석류도 냉면의 고명으로 올렸으며, 양념으로는 겨자와 고춧가루를 사용했다. 그렇다면 이름만 냉면이지 사실상 잔치국수가 아니었을까. 그러면서도 고명을 너무 많이 넣는 것은 안 좋으니 김치나 배, 돼지고기만 올린다는 요리서의 설명도 있다. 후자가 그나마 간단하니 아무래도 냉면의 기본이 된 것이겠지만, 전유어나 복숭아가 듬뿍 올라간 냉면이 어떤 맛일지 궁금해진다. 굳이 따지자면 아직도 진주냉면에는 육전이 꾸미로 올라가긴 하지만 말이다.

이렇게 본다면 냉면 꾸미는 제각각 상황에 맞게 내키는 대로 올리는 것이 보통이고, '정통'이란 게 없었던 것 같다. 여러 가지 변주가 있었지만 1849년 《동국세시기》에 등장한 냉면 꾸미의 전통이 지금까지도 큰 변함없이 이어지고 있다고 할 수 있겠다. 또한 여기에 더 추가된 것을 찾는다면 오이채와 삶은 달걀 반쪽 정도이다. 특히 달걀지단이 삶은 달걀이 된 까닭은 무엇일까? 냉면이 사 먹는 음식이 되면서 삶은 달걀 쪽이 대량으로 준비하기에 훨씬 손이 덜 가고 편리하기 때문은 아니었을까.

그렇게 본다면 조선 사람들이 뜨끈한 아랫목에서 엉덩이를 지지며 먹었던 겨울의 냉면과 지금 우리가 먹는 냉면은 그렇게 큰 차이가 없었다. 참으로 멀고도 복잡한 길을 돌아와 이제 우리 밥상 위에 오른 냉면이다.

야식의 지배자,
냉면

요즘은 야식의 왕좌를 놓고 치킨, 보쌈, 라면 등이 치열하게 다투고 있지만, 조선 시대의 대표적인 야식은 냉면이었다. 시원하고, 새콤달콤하니 산뜻하며, 면이라 오래 씹지 않아도 훌훌 넘어 가고, 국물이 너무 기름지지 않으니 먹고 자도 속이 부대끼지 않는다. 또한 먹을 때는 냉면 담을 그릇과 젓가락만 있으면 되니 복잡하게 갖은 반찬을 차릴 필요가 없었다. 그래서 양반들은 물론, 심지어 임금님까지 야식으로 냉면을 선호했다.

《임하필기》〈춘명일사春明逸史〉에는 야식으로 냉면을 먹는 순조의 이야기가 나온다. 젊은 시절, 한가로운 밤이면 순조는 군직이나 선전관들을 불러 함께 달구경을 하곤 했다. 말이 좋아 달구경이지 사실 어울려 노는 것이리라. 명색이 임금이라 해도 고작 11살의 나이로 즉위했던 순조였으니 마땅히 놀아야 할 때부터 너무 많은 짐을 진 딱한 팔자이기도 했다. 그래서 이렇게 신하들과 어울려 놀았던 것인지도 모른다. 그러던 어느 날, 순조는 배가 출출해진 모양이었는지 이런 말을 했다.

"너희들과 같이 냉면을 먹고 싶어."

그러고는 그 자리에 있던 군직을 시켜 국수를 사 오게 했다. 생각해 보면 궁궐에는 수라간이 있었고, 임금님은 하루에 다섯 번 밥상을 받았다. 그렇다면 밥 때가 아니라도 24시간 언제든 먹고 싶은 것을 내오라 하면 됐을 것 같은데, 그건 아니었던 걸까? 이니면 신하들에게도 냉면을 먹이고 싶어서 사 오게 했던 걸까? 후자였다면 참으로 마음 씀씀이가 훌륭하다고 하겠다.

그런데 이때 다른 신하가 임금이 시키지도 않았는데 돼지고기를 사 왔다. 순조는 그 사람에게 물었다.

"그 고긴 어디에 쓰려고?"

"냉면에 넣지요."

"……."

앞서 《동국세시기》에서 본 대로, 이즈음에는 돼지고기 편육을 꾸미로 썼다. 그러니 돼지고기를 준비해 온 것은 딱히 이상하지 않으며, 분명 고기가 들어가면 더 맛있기도 할 것이다. 하지만 순조는 아무 대답을 하지 않았다.

그런데 잠시 후 냉면이 만들어지고 신하들에게 골고루 나눠 줄 때 순조는 고기를 사 온 사람에게는 냉면을 주지 않았다. 저 사람은 따로 먹을 게 있다는 이유였다. 기껏 맛있는 고기를 들고 왔어도 혼자 냉면을 못 먹은 사람의 처지가 딱하지만, 지나치면 모자람만 못하다는 옛 교훈을 그대로 체험했다고 하겠다. 아니면 순조가 돼지고기 편육 없이 동치미로만 된 냉면을 좋아했을 수도 있고.

아무튼 늦은 밤에 임금과 신하들이 오순도순 앉아 후루룩 후루룩 냉면을 들이켜는 장면을 상상하노라면 꽤나 정겹다. 순조가 바랐던 게 바로 이런 모습이 아니었을까. 달을 보며 다 함께 냉면을 먹는 것. 그런데 이런 소박한 냉면 잔치에서 고기로 아부하려는 놈이 나타났으니 그게 못마땅했으리라.

냉면 야참을 좋아했던 임금으로 빠지면 섭섭한 것은 바로 고종이다. 그는 원래부터 짜고 매운 걸 싫어해서 된장찌개도 별로 좋아하지 않았으니, 시원하고 달달하며 담백한 냉면은 딱 좋은 먹거리였을 것이다. 조선왕조가 망한 뒤로도 순정효황후 윤비를 모셨던 상궁 김명길이 쓴 《낙선재 주변》이라는 책에서는 고종이 평소에 즐겨 먹었던 냉면을 무척 자세하게 소개하고 있다.

여기에 따르면, 면은 궁궐 바깥 국숫집에서 사 왔고, 동치미 국물은 궁궐 수라간에서 조달했으며, 그 위에 편육을 십자 모양으로 가지런히 얹었다. 나머지 빈 곳에는 배와 잣으로 가득 채웠는데, 재미있는 것은 배를 올릴 때 칼로 썰지 않고 숟가락으로 얇게 초승달 모양으로 떠서 올렸다고 한다. 냉면 국물에도 고기를 넣지 않았으며, 배를 듬뿍 넣어 담근 동치미여서 무척 달고 시원한 맛이었다고 한다.

이렇듯 레시피는 물론이거니와 외양까지 자세하게 묘사해 둔 덕분에, 요즘도 궁중요리 재현을 한다 치면 고종 냉면은 '1번 타자'로 만들어지곤 한다. 혹자는 이 냉면을 통해 나라를 잃게 된 설움과 울화를 달랬다는 말도 있다. 하지만 그냥 원래부터 냉면을 좋아했던 것이 아닐

고종이 즐겨 먹은 냉면은 이러하다.

면은 궁월 바깥 국숫집에서 사 왔고

동치미 국물은 궁월 수라간에서 조달했고

그 위에 편육을 십자 모양으로 가지런히 얹었다.

나머지 빈 곳에는 배와 잣으로 가득 채웠는데

냉면 국물에도 고기를 넣지 않았으며

배를 듬뿍 넣어서 담근 동치미였으니

달고 시원한 맛이었다고 한다.

까. 어쨌든 이렇게 임금님의 출출한 배를 달래 줬던 냉면은 궁궐 바깥의 양반과 서민들에게도 사랑받게 되었다.

냉면 하면 빼놓을 수 없는 또 한 명이 바로 박제가이다. 사실 그는 단순한 냉면 애호가라기보다는 먹는 것을 무척 좋아하는 대식가였다.

그는 아내를 잃고 홀로 지내다가 마흔이 넘었을 때 새장가를 들었다. 그런데 백탑파의 일원이었던 이기원李箕元의 문집 《홍애집洪厓集》에는 새신부가 된 박제가의 첩 장씨에게 보내는, 실제로는 박제가를 놀리는 시가 있다.

> 매사에 어기지 말고 신중하고 부지런해야 한다.
> 만두는 백 개, 냉면은 세 그릇이나 먹는다니
> 낭군의 식성은 작은 아씨(박제가의 딸)가 잘 안다더라.

냉면 세 그릇이라! 과연 냉면 그릇이 얼마나 크고 만두의 크기가 어떤지에 따라 음식의 양이 달라지겠지만, 그렇다 해도 냉면 세 그릇에 만두 백 개라니 '식신급 먹방'을 예상하게 하는 먹성이다. 과연 그렇게 먹고 배탈은 나지 않았을까. 이 정도 양을 한 번에 먹는다면 야식보다는 본 식사에 가깝지 않은가.

사실 냉면은 꼭 야식으로만 먹은 것도 아니었다. 조선 말엽의 도공 하재 지규식도 냉면을 식사 혹은 간식으로도 먹었다. 덧붙이자면 요즘처럼 고기 구워 먹은 뒤의 후식으로 먹기도 했다.

다산 정약용은 눈이 펑펑 오는 추운 10월 황해도 해주에 들렀다가, 서흥도호부사 임성운에게 냉면을 얻어먹곤 이런 시를 지었다.

시월 들어 서관에 한 자 되게 눈 쌓이면
西關十月雪盈尺
이중 휘장 폭신한 담요로 손님을 잡아 두고는
複帳軟氍留欵客
갓 모양의 냄비에 노루고기 전골하고
笠樣溫銚鹿臠紅
무김치 냉면에다 송채무침 곁들인다네.
拉條冷麵菘菹碧

평생을 힘들게 살았던 그의 생애를 생각하면, 무김치 냉면 위에 두 툼한 편육이라도 한 점 올려 주고 싶어진다. 다행히 이날의 메인 요리 는 노루고기 전골이었으니 정약용도 이것저것 진수성찬을 배부르고 맛있게 먹었을 것 같다.

과연 박제가나 정약용이 먹었던 냉면은 과연 어떤 것일까. 동치미 국물에 면을 말아 둔 냉면일 수도 있고, 운 좋게 고기가 한두 점 올라간 냉면이었을 수도 있다. 적어도 분명한 것은 그들이 무척 맛있게 먹었 고, 조선 후기에 들어서면 냉면은 꽤 대중적인 음식이 되어서 누구나 먹고 또 좋아하는 음식이 되었다는 사실이다.

이를 바탕으로 냉면은 겨울 음식의 한계를 벗어나 언제, 어느 때나 먹을 수 있는 요리로 발전해 나갔다. 지규식의 《하재일기荷齋日記》를 보면 4월, 5월, 6월 아무 때나 냉면을 사 먹고 있다. 가격은 1냥. 그래서 지인과 함께 먹기도 하고, 남에게 대접을 받기도 했다. 특히 1891년에는 4월 4일, 12일, 20일에 연달아 사 먹었으니, 이 정도면 크게 돈 걱정 없이 맘대로 사 먹을 수 있는 서민의 음식이 아닌가.

흔히 냉면의 역사를 이야기하며 조선이 망한 뒤 할 일을 잃은 궁궐의 숙수가 요릿집을 차린 것이 계기가 되었다는 말이 있다. 하지만 그전부터 알아서 서민들은 냉면을 맛있게 먹었던 것이니, 진실로 한국인의 삶과 함께한 냉면이었다.

| 요리를 사랑한 남자들 |

• **박제가**楚亭 朴齊家, 1750~1805

실학자의 대표적인 인물이자 《북학의》의 저자로 유명한 박제가는 조선을 통틀어 식신이라는 표현이 가장 잘 어울리는 사람이 아닐까. 그의 악우였던 유득공柳得恭은 박제가의 지독한 식탐을 놀려 대며 '냉면 세 그릇에 만두 백 개!'라고 칭했으니, 정말 많이 먹긴 많이 먹었던 모양이다.

박제가는 아내가 일찍 죽은 뒤 후처를 들였는데, 친구들이 박제가의 먹을 걸 어떻게 대느냐고 귀띔하기까지 했으니 그전까지는 박제가의 딸이 아버지의 먹을거리를 마련한 모양이다. 그런데 역시 식탐이 심하면 주변에 피해가 심한 법. 오죽했으면 친하게 지냈던 이덕무의 것까지 뺏어 먹곤 했으니 주변의 원성이 나름 자자했던 모양이다.

유득공 및 이서원에 따르면, 키 작고 못생기고 산적 수염에다 장난이 심하고 여기에 먹을 것까지 밝힌 인물이었던 것이다. 이러니 서얼의 아픔을 가슴 깊은 곳에 품고 세상을 향해 삿대질 하다 스러져 간 비극적인 인물의 그림자가 갑자기 옅어지는 것도 같다. 하지만 그래서 더욱 사람다워 보이기도 한다. 때론 비극이어도 웃고, 그렇게 맛있는 것을 먹으며 힘을 내는 것이 사람 아니던가.

또한 그는 정약용과 꽤 친하게 지내며 개고기를 맛있게 요리하는 레시피를 알려 주기까지 했다. 워낙 먹는 것을 좋아해서인지, 그는 양반 혹은 남성임에도 손수 개를 잡아 삶는 모습이 꽤나 어울리는 사람이기도 하다.

평범한 음식의
비범한 역사

떡국

떡국은 참 흔하면서도 별거 아닌 음식이다. 설날 때 먹기도 하고, 생일에 먹기도 한다. 내킬 때 의외로 손쉽게 만들어 먹을 수 있다. 멸치든, 고기든 물 붓고 끓여서 육수를 내고, 여기에 떡을 넣고, 좀 부족하다 싶으면 만두 몇 개 넣고, 김을 조금 부숴 넣거나 달걀을 하나 깨 넣으면 간단하면서도 훌륭한 일품요리가 된다. 그렇기에 옛날 요리책을 뒤져 봐도 그리 특별하거나 굉장한 요리법이 없는, 참으로 평범한 요리다. 그래서 정말 많은 사람들이 즐겨 먹었다. 옛 조상들이 지금 우리가 먹은 것과 거의 비슷한 떡국 그릇을 받아들곤 올해도 한 살 더 먹는다는 것에 기뻐하면서 또 슬퍼했다고 생각하면 갑자기 평범한 떡국 그릇에서 역사가 느껴진다.

떡의 왕국, 조선

어찌 떡 없이 떡국이 있을 수 있겠는가? 그런 의미에서 떡이야말로 떡국의 알파와 오메가요, 시작과 끝이라 할 수 있으리라.

떡은 한자로 보통 병餠을 쓴다. 지금에야 떡은 보통 쌀로 만드는 것이지만, 이전에는 밀가루로 만드는 것까지 떡으로 포함했다(생각해 보면 지금도 떡볶이를 먹을 때 일부러 밀떡을 찾는 사람도 있다). 조선 시대에 떡의 종류는 대체로 고餻, 이餌, 자餈, 탁飥으로 분류가 되었고, 이것도 또 복잡하게 나누어진다. 물론 이런 분류는 중국에서 전해진 것이지만, 조선도 지지 않고 수

많은 떡들을 만들어 냈다.

1. 이餌

쌀가루를 쪄서 만든 떡이다. 지금 우리가 알고 있는 대부분의 멥쌀 떡, 즉 시루떡, 백설기 등이 바로 이 종류라 하겠다.

2. 자餈

가루를 내지 않고 쌀을 찐 다음에 절구에 찧어서 만드는 떡이다. 가장 대표적인 것이 바로 인절미이며, 때로는 찹쌀가루를 쪄서 만들기도 했다. 인절미의 이야기는 이 책의 다른 장에서 자세히 다룰 테니 여기에서는 더 설명하지 않겠다. 어찌 되었건 오래 공을 들여 잘 찧어야 쫀득쫀득하고 맛이 좋았다.

| 유병

3. 유병油餅

기름에 지져서 만드는 떡이다. 대표적으로 화전과 부꾸미가 있다. 개성에서 만드는 우메기 혹은 주악도 이 부류이며, 약과 역시 넓게는 이 범주에 든다고 할 수 있다.

4. 당궤餹餧

꿀에 반죽한 떡이다. 우리가 알고 있는 꿀떡과는 좀 다른 것 같다.

5. 박탁餺飥

가루를 반죽한 뒤 썰어 국에 삶는 것으로, 떡국이 바로 이 부류에 들어간다. 그래서 설날에 먹는 떡국을 연박탁年餺飥이라고 부르기도 했다.

6. 혼돈餛飩

쌀가루를 쪄서 둥글게 만든 뒤, 그 안에 소를 넣어 먹는 요리다. 떡 같기도 하고 만두 같기도 한 요리인데, 이 부류의 떡으로는 골무떡을 들 수 있다. 이 역시 새해가 되면 먹는 떡 종류의 하나로 동혼돈冬餛飩이라고 불렀으니,

｜혼돈병

겨울 음식이었다는 소리다. 현재 북한에서 만들어 먹으며 혼돈찜이라 부른다.

7. 교이餃餌

쌀가루를 엿에 섞어 만든 것이다.

8. 탕중뇌환湯中牢丸

뇌구牢九라고도 하는데, 명칭이 잘못되었다는 주장도 있다. 물에 삶아 먹는 떡 종류로, 화채를 할 때 넣는 원소병, 수단이 여기에 포함된

다. 이익은 《성호사설星湖僿說》에서 이것도 만두의 일종이지만 크기가 작은 것이라 말했고, 동시에 떡국의 한 종류라고 보았다.

9. **부투**餢飳, **유어**餾䭔

밀가루에 술을 치고 끈끈하고 가볍게 만들어서 발효시킨 떡이다. 요즘의 증편이 여기에 속하고, 찐만두의 일종인 상화(쌍화, 霜花) 역시 포함된다.

10. **담**餤

떡을 얇게 만들어 고기를 싼 것이다. 당나라 고종이 신하들에게 나눠 줬다는데, 《자서字書》에 따르면 홍릉담紅綾餤과 영롱담玲瓏餤이 있다고 한다.

11. **만두**饅頭

밀가루를 반죽하고 고기를 소로 넣은 것이다. 떡은 밀가루로 만든 것까지 포함했으니 만두도 엄연한 떡의 일종이지만, 전혀 다른 종류의 요리로 보기도 한다. 만두에 대해서는 다른 장에서 자세하게 소개하겠다.

여기에 나온 떡들 말고도 조선 사람들은 일 년, 열두 달마다 다양한 떡을 만들어 먹었다. 우리가 잘 아는 송편뿐만이 아니라 감떡, 산병, 곱장떡, 깨인절미, 밀쌈, 호박떡, 밤경단, 콩경단, 쑥굴리 등 종류가 하고 많았다. 또한 궁중이나 양반집에서 독특하게 만들어 먹은 떡들도 있었으니, 석탄병, 산삼병, 장미전, 율고, 풍악석이떡, 송피떡, 계란병 등등 처음 들어보는 이름의 떡들도 있었다. 이처럼 조선은 진실로 떡의 왕국이었다.

떡국에 넣어 먹는 떡은 바로 멥쌀로 만든 가래떡이다. 일본에는 찹쌀떡을 넣어 만든 국(お雑煮, 오조니)도 있지만, 한국 사람에게 가래떡이 없는 떡국은 상상하기 어렵다.

가래떡은 요즘이야 방앗간의 떡 찧는 기계에서 길게 쭉 뽑아져 나오지만, 이전에는 집에서 쌀가루에 소금을 넣어 찌고 길쭉하게 뽑아내거나, 반죽을 굴려서 빚어 먹는 떡이었다.

이때 절구에 넣고 찧는 작업을 거쳐서인지 가래떡을 보통 흰떡白餠이나 권모拳模라고 했다.

그렇다면 과연 사람들은 언제부터 떡국 및 가래떡을 만들어 먹었을까. 여기에 작은 힌트를 주는 것은 고려 시대 맛의 달인, 목은 이색이다.

| 오조니에는 떡 외에도 닭고기, 무, 당근, 나물, 버섯이 들어간다. 이름 그대로 잡탕인지라 우리의 떡국과는 굉장히 다르다.

대나무를 깎아 만든 꼬치에 메밀떡을 꿰어서

削竹串穿蕎麥饌

여기에 간장을 발라 불에 구워 먹다가

仍塗醬汁火邊燒

옥천자의 차를 얻어 마시고만 싶어라.

玉川欲得茶來喫

메밀로 만든 떡에는 메밀총떡 혹은 빙떡, 부꾸미 등이 있다. 어느 것
이나 묽게 갠 메밀 반죽을 기름에 지져서 먹는 떡이다. 하지만 이색이
한 것처럼 꼬치에 꿰어 간장을 발라 먹는다면, 우리는 매우 자연스럽

| 가래떡

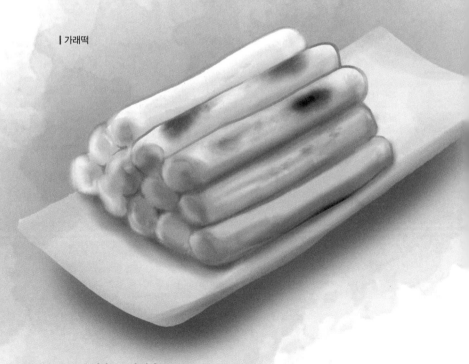

게도 가래떡 구이를 떠올린다.

과연 고려 시대에는 메밀 가래떡이 있었을까? 그건 분명하게 알 수 없지만, 아예 없을 것 같지도 않다. 만약 이 메밀떡이 빙떡과 같았다면, 꼬챙이에 꿸 때 내용물이 쏟아지거나 물렁물렁한 탓에 잘 꿰어지지도 않았을 것이다. 게다가 꼬치에 꿰어 굽고 간장을 바른다니 겉은 바삭하고 짭조름하며 속은 따듯하고 말랑할 터. 그렇게 먹다가 아는 사람에게 차를 얻어 오게 하는 것을 보면, 뻑뻑한 떡을 먹다가 갑자기 목이 막혀 마실 것이 필요해서가 아니었겠는가.

그렇다면 메밀가래떡은 어떤 맛일까? 훗날 이덕무는 메밀떡이 무척 소박한 음식이라고 말했지만, 지금의 가래떡 역시 아주 고급스러운 음식은 아니지 않는가. 하지만 음식이란 혀에서 즐거우면 그만인 법이며, 목은 이색은 구운 메밀떡을 참으로 맛있게 먹었다.

설날 음식

우리들은 언제부터 떡국을 먹었을까? 이건 의외로 답하기 힘든 질문이다. 왜냐하면 조선 초기만 해도 떡국의 기록이 거의 없는데, 후기에 들어서서 갑자기 모두가 당연하다는 듯이 떡국을 먹고 있기 때문이다. 신기한 일이지만 사실이 그렇다. 지금 우리가 생각하는 떡국은 설날에 먹는 것인데, 처음부터 그런 것은 아니었다. 고려를 비롯하여 조선 시대 초기 사람들이 남긴 기록을 보면, 설날을 맞이하여 먹은 음식은 떡국이 아니라 도소주屠蘇酒와 엿이었다.

도소주는 설날을 위해 특별하게 담근 술로 계피, 방풍 등을 넣어 빚어 독특한 향이 나는 약주였다. 도소주는 중국에서 유래한 것으로, 후한 때 화타가 만들었다느니, 당나라 때 손사막이 만들었다느니 하는 전설이 전한다. 모두 의술과 관련된 사람인데, 이런 유의 전설 대부분이 그러하듯 정말 그랬다기보다는 그냥 유명한 사람 이름을 갖다 붙인 듯하다. 원래 옛 의술이란 악귀를 쫓아내는 것과 한 발 닿아 있는 것이었으니, 새해맞이 나쁜 기운을 쫓아내는 술의 발명자로 의사가 들어가는 것도 어울린다.

우리나라에서 처음 도소주 마시는 풍습이 시작된 것은 고려 즈음인 듯한데, 조선 시대에 들어 설날에도 이 술을 한자리에 모인 사람들끼리 한 잔씩 나누어 마셨다. 다만 여기에도 규칙이 하나 있었으니, 제일 어린 사람이 먼저 마신 뒤 연장자순으로 먹어야 한다는 것이다. 당연히 늦게 마실수록 늙었다는 뜻이었으니, 조선 초기의 문인들은 점점 자신보다 먼저 도소주 먹는 사람이 늘어난다고 슬퍼하는 시를 짓곤 했다. 하지만 이때 떡국은 전혀 언급이 되지 않았다. 즉 이즈음에 떡국은 설날 음식이 아니었던 것 같다.

필자가 찾아본 중 우리나라에서 처음으로 떡국이 언급된 것은 조선 중기에 살았던 이식의《택당집澤堂集》이다. 여기에 병탕餠湯이 나오는데, 새해 첫날의 제사상을 차릴 때 병탕과 만두탕을 한 그릇씩 올리고, 과일과 포를 올린다는 말이 있다. 이 병탕이 우리가 아는 떡국일 듯하다.

왜 이리 늦게 떡국이 등장했을까? 그 이유 중 하나는 이 요리의 기원이 우리나라가 아닌 다른 나라, 구체적으로는 중국이어서가 아닐까. 당나라에는 떡국, 즉 탕병이라는 요리가 있었는데, 다른 이름으로 불탁_{不飥}, 부탁_{餺飥} 또는 습면_{濕麵}이라고 다양하게 불렀다고 한다. 그다음 시대인 송나라의 시인 육우는 '지방 풍속에 설날에는 끓인 떡을 쓰는데 동혼돈 연박탁이다'라고 기록했다. 여기서 혼돈, 박탁 등의 명칭은 앞에서 보았듯이 우리나라에도 그대로 전해졌다. 다만 중국의 떡국은 지금 우리가 알고 있는 떡국과는 많이 달랐으니, 송나라 때 시인 황정요의 시에 나온 탕병의 언급을 보면 더욱 분명해진다.

탕병 한 그릇에 은사가 어지러워

湯餠一杯銀線亂

탕병이라는 이름을 보면 역시 떡국으로 생각되는데, 그렇다면 은실은 무엇을 의미할까? 게다가 습면이라는 다른 이름을 보면(물론 면이라는 글자는 꼭 국수를 일컫기보다는 밀가루 음식 전반을 이르는 말이었다) 왠지 떡이 아닌 국수 같기도 하다. 현재 일본의 나라 지방에는 호토_{餺飥, ほうとう}란 요리가 있는데, 진득한 된장 국물에 버섯을 비롯한

┃일본 나라 지방의 호토

갖은 채소를 넣어 맛을 내고 여기에 큼직하게 썬 밀가루 반죽을 넣고 끓인 요리다. 떡국보다는 우동이나 면 요리에 가까우니, 척 보기만 해도 우리의 떡국과는 전혀 다르다.

덧붙이자면 현재 중국에는 지역별로 굉장히 다채로운 설날 음식이 있는데, 우리네 떡국과 비슷한 음식은 찾아보기 어렵다. 그렇다면 떡국은 중국에서는 명맥이 끊기되 우리나라로 전해졌고, 이것이 널리 번져서 조선 중후반에 설날 음식으로 자리를 굳힌 게 아니었을까.

그렇다 해도 면을 끓여 먹는 요리와 떡을 넣어서 끓여 먹는 요리의 차이는 크다. 최초의 떡국은 면 요리였을까? 과연 조선 사람들이 먹었던 떡국은 우리가 먹는 떡국과 같았을까? 이 의문을 푸는 데 참고할 만한 이야기가 있으니, 조선을 대표하는 명필로 꼽히는 한석봉의 전설이다.

한석봉은 어릴 때 아버지를 잃고 가난하게 살다가 고향 개성을 떠나 절에 들어가서 공부했지만, 도중에 어머니가 그리워져서 집으로 돌아간다. 그러자 어머니는 등잔불을 끄고 아들에게 글을 쓰게 하고 자신은 떡을 썰었는데, 불을 밝혀 보니 어머니의 떡은 가지런했지만 석봉의 글씨는 삐뚤빼뚤했다. 결국 석봉은 자신의 부족함을 깨닫고 절로 돌아가 공부에 매진했다고 한다. 잘 생각해 보면 균일한 간격을 맞춰 기계적으로 썰면 되는 떡에게 획끼리의 조화를 맞춰야 하는 붓글씨가 이길 수 없는 내기였다.

아무튼 이때 한석봉의 어머니가 썰었던 떡은 떡국용 가래떡이었을 것이다. 절편이나 시루떡도 썰어야 하는 것은 마찬가지이지만, 붓글씨만큼 곱고 가지런히 썰어야 한다면 가래떡 말고 또 무슨 떡을 그렇게 썰었겠는가? 《동국세시기》만 봐도 떡국에 넣는 떡의 두께는 동전만큼 얇아야 한다고 했으니, 그렇게 써는 데는 꽤 솜씨가 필요했을 것이다. 한석봉은 조선 선조 때의 사람이었으니, 이로 미루어 조선 중기부터 이미 사람들은 떡국을 많이 먹고 있었던 게 아닐까.

여기에서 좀 더 후대로 가면 떡국은 더 많이, 자세하게 언급된다. 성호 이익은 설날 제사 때 올라가는 음식으로 떡국을 말하며 '떡을 잘라 탕을 끓인 것이다切餅作湯者也'라고 했고, 무엇보다 정조 시절 사시사철의 풍속을 정리했던 《동국세시기》에는 지금 우리가 알고 있는 것과 거의 비슷한 떡국을 설날 음식으로 소개하고 있다.

멥쌀가루를 찌고 떡메로 쳐서 길게 늘려 만든 가래떡을 흰 떡白餅이라고 하고, 이걸 동전처럼 얇게 썰어 장국에 넣고 끓인 뒤, 쇠고기나 꿩고기를 넣고 후춧가루를 친 것을 떡국餅湯이라고 한다.

이보다 수십 년 전에 쓰인 《열양세시기洌陽歲時記》는 가래떡 및 떡국을 만드는 과정을 더욱 자세히 적었다. 좋은 쌀을 가루로 내고, 이걸 체로 친 뒤 반죽하고 잘 찌고, 이걸 또 떡메로 마구 치댄 뒤 조금씩 떼어

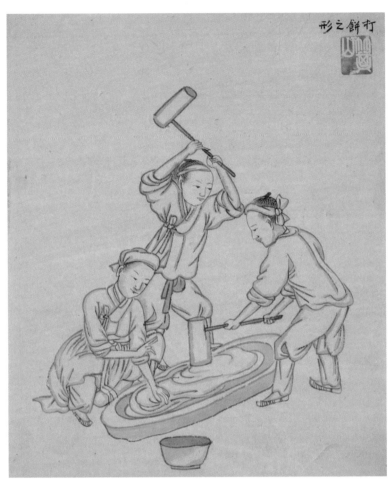

| 떡메질을 하는 모습

길쭉하게 떡을 만든다. 이게 문어발처럼 둥글고 길었으니 바로 권모,

즉 가래떡이다. 이걸 동전처럼 가늘게 썬 뒤 펄펄 끓는 장국에 넣고 쇠

고기와 꿩고기로 맛을 낸 뒤 조선의 만능 양념 산초를 넣었고, 그 외에

도 돼지고기나 닭고기를 넣기도 했다. 이렇게 되면 지금 우리의 떡국과 거의 비슷했을 것이다.

떡은 동그랗게 써는가, 어슷하게 써는가?

하지만 비슷하다고 해서 완전히 똑같다는 말은 아니다. 지금의 떡국은 쇠고기나 멸치로 육수를 내고, 여기에 떡을 넣고 끓이는 식이지만, 1800년대의 《시의전서》에 나와 있는 떡국(탕병) 레시피는 이것과 상당히 다른 면모를 보인다.

흰 떡을 만들어서 얇게 써는 것까진 똑같지만, 먼저 고기장국이 펄펄 끓을 때 떡을 잠깐 넣었다가 꺼낸다. 그런 뒤 그 장국으로 생치국을 끓인다. 생치국이 뭔고 하니, 바로 꿩을 넣어 끓인 국이다. 분명 조선 시대를 기준으로 국물 내기 재료로 꿩과 쇠고기, 멸치를 놓고 비교한다면 꿩이나 닭이 가장 구하기 쉬웠으리라. 이 책에서는 생치국을 만드는 법을 간략하게 소개하고 있는데, 꿩의 각을 떠낸 뒤(살을 발라낸 뒤) 살코기를 무와 파, 마늘로 양념해서 주무른 뒤 바글바글 끓인다. 이것은 요즘의 국물 내기와 다를 바 없다. 여기에 고기를 볶은 즙을 합친 뒤 데쳐 뒀던 떡을 다시 넣고, 그 위에 고기 산적을 고명으로 얹고 후추를 뿌려서 먹는다.

지금 떡국은 달걀로 만든 황백지단을 올리는 게 보통이고, 잘게 썬 고기를 볶아서 올리기도 하는데, 조선 시대에는 고기를 꼬치에 꿰서 구운 산적을 통째로 올렸다. 그렇다면 떡과 국물은 숟가락으로 떠먹고 고명은 꼬치를 잡고 먹어야 했으리라. 이런 옛날 떡국은 아무래도 생소하지만, 당시의 고기구이는(아마도 불판이나 석쇠가 없기 때문이겠지만) 꼬치에 꿰어서 굽는 것이 기본이었기 때문이었으리라.

그런데 이렇게 만든 게 끝이 아니다. 《시의전서》에서 소개한 떡국은 일단 음식을 낸 뒤로도 맛있는 장국을 만들어서 계속 끼얹어 가며 먹게 되어 있다. 한 번도 아니고 계속해서 국물을 더 넣으며 먹었다. 즉 지금의 떡국처럼 커다란 사발에 국물이 듬뿍 담긴 일품요리가 아니라 데친 떡에 계속 고깃국물을 부어 먹는 신기한 요리였다. 어쩌면 이것이야말로 떡국의 진정한 초기 형태가 아니었을까? 최초의 떡국은 제사 때 필요한 고기를 삶거나 익히고 남은 국물을 처리하던 요리였을지도 모르겠다. 그래서 남는 떡을 잘게 썰어 넣어 끓이고, 굽다 남은 고기를 산적째 올리지 않았을까 싶지만, 이를 증명할 만한 것은 아직 없다. 어쨌거나 계속 국물을 부어 넣었으니 쉽게 식지 않고 마지막까지 따끈하게 먹을 수 있었을 것 같다.

조선 시대의 떡국이 지금과 다른 점이 더 있다면, 떡을 동그랗게 썰었다는 사실이다. 《열양세시기》, 《동국세시기》에서는 떡국의 떡을 이야기하면서 동전이라는 표현을 썼으니, 정조 때만 해도 떡국 떡은 동그렇지 않았을까. 무엇보다 이덕무는 설날에 지은 시에서 떡국을 일러 '동전처럼 동글동글한如錢小團團'이란 시구를 쓰기도 했다. 왜 동그랗게 썰었는지 궁금하지만, 지금 우리는 떡을 왜 어슷하게 써는지도 알지 못하고 있으니 궁금해도 답을 어떻게 찾을 수 있을까. 이 떡 썰기가 유교식이니 불교식이니 여러 가지 말이 있지만, 아무튼 구한말 즈음까지만 해도 동글게 썬 떡국이 남아 있었던 것 같다.

1936년에 나온 요리책《조선무쌍신식요리제법》을 보면 떡을 '동전처럼 만든다'라고 되어 있고, 1921년《조선요리제법》을 보면 떡을 '어슷썰기로 한다'라고 되어 있다. 이미 어슷썰기는 조선 후기에 나타났으며, 동그랗게 썰기와 함께 떡국떡계를 이등분 하고 있었던 것이다.

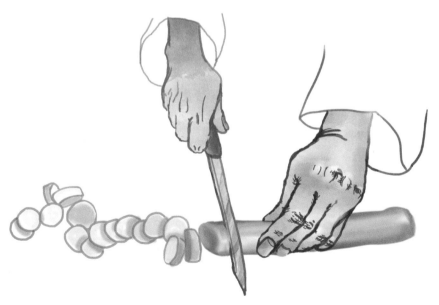

| 조선 시대에는 떡국에 동전처럼 썬 떡을 넣었다.

또한 개성 근처를 중심으로 나무칼로 말랑한 떡을 자르되 허리를 푹 들어가게 빚는 조랭이떡도 있었다. 덧붙이자면 조랭이떡은 고려를 멸망시킨 이성계를 미워해서 만든 떡이라는 전설도 함께 전한다. 이 외에도 아주 특이한 떡국이 있었으니, 성대중이 쓴 《청성잡기靑城雜記》에는 음식으로 벌이는 사치로 쫄딱 망한 사람들의 이야기를 소개하면서, 정말로 이상한 떡국을 소개하고 있다.

> 요즘 어떤 세도가에서 떡국을 만들며 (떡을) 사람의 팔다리를 모두 갖춘 어린아이 모양으로 만들어 먹었는데, 얼마 되지 않아 집안이 멸망했다고 한다.

요즘 식으로 말하자면 떡으로 '푸드 아트'를 한 셈이니 한참 시대를 앞서간 사람이었던 셈이다. 먹을 걸로 장난을 치다가 쫄딱 망했다던 그 세도가는 누구였을까. 성대중은 정조 때 사람이었으니, 혹시 홍국영이었을까? 그게 누구라 해도 아이 모양의 떡이라니 사치는 둘째치고 너무나도 악취미이다. 하여간 동그랗게 써나 어슷하게 써나 그 떡이 그 떡이지만, 그래도 떡을 써는 방법이 바뀌게 된 까닭은 역시 궁금하다. 굳이 그럴듯한 이유를 생각해 보면, 조선 후기에 들어서 떡국이 명절이나 생일 때 먹는 음식에서 벗어나 언제나 먹을 수 있는 일상 음식이 된 까닭이 아니었을까. 정조 때 성균관 앞 음식점에서는 학생들을 대상으로 각종 음식을 팔았는데, 그중 하나가 떡국이었다. 그리고 지규식의 《하재일기》에서도 아는 사람과 만나면서 계절 불문하고 자주 떡국을 사 먹곤 했다고 한다. 뜨거운 국물에 떡만 넣으면 되는 음식이니 그만큼 만들어서 팔기도 쉬웠기 때문이 아닐까.

어쩌면 이것이 바로 동그란 떡이 어슷썰기로 바뀌게 된 계기일지도 모른다. 떡을 써는 것은 번거롭고 힘든 일이었다. 그러니 어슷하게 썰면 동그랗게 써는 것보다 더 적은 횟수를 썰어도 되니 상대적으로 편하다. 마찬가지로 처음에는 떡국 위에 올라갔던 산적 고명 역시 꼬치에 고기를 하나하나 꿴다면 복잡하고 손이 많이 간다. 그래서 익힌 고기를 미리 준비해 두었다가 뭉텅뭉텅 올리는 것으로 바뀐 건 아니었을까.

그렇다면 지금의 어슷썰기나 고명은 떡국을 만들어 팔기 위해 손이 많이 가는 것을 줄여 단순해진 결과물일지도 모른다. 이는 또 다른 사실을 의미하고 있으니, 바로 사람들이 언제 어디서나, 너나 할 것 없이 떡국을 참으로 많이 즐겨 먹었다는 점이다.

그리운 떡국, 슬픈 떡국

숙종 45년(1719), 신유한申維翰은 조선통신사의 일행으로 일본에 다녀왔다. 무려 9개월에 달하는 기나긴 여정이었고, 결국 새로운 해를 머나먼 타지에서 맞게 되었다. 12월 29일, 섣달그믐이 되었는데 바람도 세고, 일본 사람들도 명절이라 일을 하지 않아 배가 떠나지 않는다. 나그네 심사에 침울해진 신유한은 근처 마을의 풍광을 보고, 멋지고 아름다운 정원을 거닐며, 떡을 차곡차곡 쌓고 음식을 차려 둔 일본의 설날상도 구경도 했다. 그러다가 대마도주가 보내 온 밥상을 받게 되었다. 마침 거센 바람이 불어와 베개와 이불이 멋대로 춤을 추는 배 안에서 신유한은 겨자장에 비빈 생선회도 먹고, 고기를 디져 떡국도 민들어 먹었다. 그런데 이 떡국은 찹쌀떡 둥근 것 두 개를 그릇에 넣고 물과 조선간장(감장)을 타서 만든 '가짜' 떡국이었다. 신유한은 '조금 시지만 먹을 만했다'라고 했다. 고향의 맛을 떠올리며 이 떡국을 먹노라니 어머니 생각이 절로 나는 것도 어쩔 수 없었던 모양이다.

우리 나이 드신 어머니가 내년에는 66세이신데
내가 오늘밤 풍파 한복판의 조각배에 타고 있는 걸 모르시겠지.

이렇게 신유한은 서러움과 그리움에 겨워 폭풍처럼 시를 열 수나지었으니, 역시 설날의 떡국 한 그릇은 사람을 감상적으로 만드는 것일까.

이번에는 정조 15년(1791), 중국을 방문하는 사신의 일행에 동행한 김정중金正中이 쓴《기유록奇遊錄》을 보자. 김정중이 중국에서 1월 2일을 맞이하여 요란하게 폭죽 터뜨리는 설맞이 축제를 보고 떠올린 음식은 떡국이었다. 매년 이맘때가 되면 이웃에 살고 있는 친구들이 찾아오고, 자신도 그들의 집에 놀러가 떡국과 만두를 먹으며 신나게 놀았던 것을 떠올리며 고향에 계신 형님이 자신을 그리워하겠거니 생각하며 슬퍼했다.

어떻게 한 집에 모여서 새해의 즐거움을 함께 할 것인가?

이런 한탄에서도 엿보이듯, 이미 설날의 떡국은 조선 사람들에겐 너무도 당연한 풍습이 되었고, 때맞춰 먹지 못 하면 매우 서러워지는 음식이었다. 그래서일까, 효종-숙종 때의 송시열은 《구황촬요救荒撮要》의 서문을 쓰면서 '겨울에 얼어 죽는 일 없고 새해에 큰 대접의 떡국大椀不托을 먹기를 바랍니다'라고 적었다. 이 책이 백성의 굶주림을 해갈하기 위한 것임을 생각하면, 설날의 떡국은 새해맞이의 일상 및 풍족함 등도 상징했던 것 같다. 양반뿐만 아니라 백성에게도.

위백규魏伯珪는 자신의 저서인 《존재집存齋集》에서 잘못된 독서 방법을 '술과 고기가 풍족한 설날, 단지를 들고 다니며 떡국을 구걸하는 것'에 빗대었다. 떡국을 구걸한다고? 설날이 되면 누구나 떡국을 만들었으니 좀 나눠달라고 부탁할 수도 있었던 것 같다.

이쯤 되면 설날의 조선은 떡국

| 고향의 맛을 떠올리게 한 떠국

궁벽한 곳에 등잔을 매달아 두고 몇몇이 모였으니

노년이라 마음은 이해와 함께 가는구나.

맨 마지막으로 도소주 마심이 스스로 처량한 것을

떡국 많이 먹었다고 감히 말하겠노라.

섣달 그믐날에 율령에 따라 시를 읊는데

어리던 시절에는 분운하면 환호했지.

춘심이 밤중에 나타나기를 기다리노니

황종의 일맥이 소생했단 말을 들었노라.

의 나라가 된 것 같다. 왜 이렇게나 떡국을 좋아했을까? 생각하면 이만
한 음식이 또 없다. 국물은 따끈하고, 떡은 쫄깃하고, 게다가 빛깔도 뽀
얗다. 하나둘 떡을 먹다 보면 배가 든든해지니 할 일 많고 바쁜 설날에
먹기 참 좋은 음식이다. 무엇보다 맛있고. 이것저것 까다로웠던 이덕
무조차 떡국은 잘 상하지 않아서 좋고, 깨끗하고 조촐해서 더욱 좋은
음식이라고 말했으니, 떡국의 장점은 이렇게나 많았다.

하지만 사람들은 떡국을 좋아하기만 한 게 아니었고, 때로는 싫어했
고 서글퍼했으니 이유는 지금과 똑같았다. 나이를 한 살 더 먹는 슬픔
을 처절하게 실감하게 하는 요리였던 것이다.

궁벽한 곳에 등잔을 매달아 두고 몇몇이 모였으니
小集懸燈鎮守隅
노년이라 마음은 이해와 함께 가는구나.
殘齡意與歲俱徂
맨 마지막으로 도소주 마심이 스스로 처량한 것을
自憐後飮屠蘇者
떡국 많이 먹었다고 감히 말하겠노라.
敢道多吞繭餅乎
섣달 그믐날에 율령에 따라 시를 읊는데

除日吟詩依律令

어리던 시절에는 분운하면 환호했지.

少年分韻任歡呼

춘심이 밤중에 나타나기를 기다리노니

春心佇待宵中見

황종의 일맥이 소생했단 말을 들었노라.

聽說黃鍾一脈蘇

      - 이익,《성호전집》제2권 〈제석除夕에 우隅 자를 얻다〉

  실학자인 성호 이익도 늙음 앞에서는 어쩔 수 없이 서운했던 모양인지, 그의 《성호전집星湖全集》에 나이 하나 더 먹는 것을 슬퍼하며 떡국과 도소주를 함께하며 서러워했다.

  그러니 떡국을 안 먹었으니 자기는 나이 안 먹었다고 우기는 사람이 나오기도 했다. 조선 철종 때의 사람인 서경순徐慶淳은 그의 저작《몽경당일사夢經堂日史》에서 중국에서 설날을 맞게 된 경험을 적었다. 중국 사람들도 하나둘 설날을 맞아 축하하고 온통 들뜬 분위기인 와중, 서경순은 곁에 있던 사람에게 농담을 건넨다.

"난 올해에 다행히 나이 안 먹었지!"

"왜요?"

"설날에 떡국 안 먹었거든!"

그걸 들은 다른 사람이 톡 쏘아붙였다.

"나이는 안 먹었다 치고, 늘어나는 흰 머리는 어쩌게요?"

이 말을 들은 서경순은 서글프게 귀밑의 허옇게 센 구레나룻을 만지곤, 무려 소동파의 시까지 인용해 가며 '어쩔 수 없지'라고 대답했다. 고향을 떠나 설을 맞는 서러움을 나이 안 먹는 기쁨으로 승화하다니, 정말 재미난 사람이라고 해야겠다.

떡국을 보며 나이 먹는 걸 서러워하는 것은 조선 땅에 사는 사람도 마찬가지였다. 대표적인 사람이 이덕무였다. 그가 설날을 맞이하여 지은 〈세시잡영歲時雜詠〉이란 시에서는 아내(백동수의 누이이다)가 친정으로 가고, 온 가족들이 세배하고 설날 음식 지으며 바쁜 와중 시상을 떠올렸다. 이덕무는 어린 나이에 먼저 죽은 딸을 생각하며 울적해 하다가, 또 널뛰기와 각종 놀이도 구경하다가 문득 애꿎은 떡국에게 원망을 털어 놓았다.

밉기도 하여라 하얀 떡국은
生憎白湯餠
동글동글 작은 동전 같은 것이
如錢小團團
사람들의 나이를 더하게 하니
解添人人齒

슬퍼서 먹고 싶지 않구나.

惻愴不肯餐

그러나 이 정도로는 원망이 가라앉지 않았던지, 아예 떡국에게 '첨세병添歲餅'이라는 별명마저 붙여 줬다. 이름 그대로 '나이를 더해 주는 떡'이라는 뜻이다.

천만 번 방아에 쳐 눈빛이 둥그니

千杵萬椎雪色團

저 신선의 부엌에 든 금단과도 비슷하네.

也能仙竈比金丹

해마다 나이를 더하는 게 미우니

偏憎歲歲添新齒

서글퍼라 나는 이제 먹고 싶지 않은 걸.

怊悵吾今不欲餐

그래서 이덕무는 설날의 떡국을 먹지 않았을까? 만약 그랬다간 힘들게 절구에 쳐서 떡을 장만한 큰누이에게 눈총을 받지 않았을까. 사실 떡국을 먹으나 안 먹으나 나이 먹는 것은 마찬가지이다. 어차피 가는 세월 붙잡지 못하니 그 아쉬움을 담아 떡국을 미워한 것이다.

여기서 정말 재미있는 것은 이 시를 지었을 때 이덕무는 지금으로 보면 아주 파릇파릇한 25살의 나이였다는 점이다. 그럼에도 벌써 인생의 절반을 살았다며 더 나이 먹기 싫다고 우는 소리 * 이덕무는 1793년 52세의 나
이로 세상을 떠났다.
를 했다. 솔직히 시만 읽어 보면 원래의 나이를 도저
히 떠올릴 수 없을 만큼 훌륭하게 나이 든 감성이긴 했지만 말이다.*

조선 후기에 들어서면 떡국은 매우 흔한 요리가 되어 시장에서도 얼마든지 사 먹을 수 있는 먹거리가 되었다. 그럼에도 여전히 사람들은 떡국을 먹으며 나이를 세고, 떡국을 떠올리며 고향을 그리워했으니, 너무나 흔했기에 더욱 그리운 음식이 아니었을까.

끝으로 역사적인 떡국 이야기 하나를 더 소개한다. 정약용이 쓴 이가환의 묘지명을 보면, 정조 21년(1797) 대보름날에 정조 때의 이름난 재상 채제공과 이가환이 함께 떡국을 먹은 이야기를 한다. 두 사람이 함께 광통교廣通橋로 나가서 다리밟기도 하고, 마주보고 앉아 떡국湯餅도 먹고, 고기도 구워 먹으며 즐겁게 놀았다고 한다. 비록 설날이 아닌 대보름날에 먹은 떡국이었지만, 정약용이 굳이 이 일을 묘지에 쓴 데는 그만한 이유가 있었다.

이가환은 당대의 천재였지만 서학에 손을 댔다 하여 모두에게 손가락질을 받는 처지였다. 사방에서 모함이 들어왔으며, 남인의 영수였던 채제공에게도 이런저런 압력이 들어오고 있었다. 그랬기에 채제공은 자신을 찾아온 다른 사람들을 물리치고 일부러 이가환을 불러 함께 떡

국을 먹은 것이다. 사대문 안에서 가장 큰 다리, 사람이 왁자하게 모여
든 광통교에 자리를 잡고서 말이다.

이리 보면 설날이든, 아니면 생일이든 그 어느 때고 떡국은 사람을
하나로 만들어 주는 음식이 아니었을까. 물론 떡국뿐만이 아니라 맛있
는 고기도 함께 먹긴 했지만, 과연 광통교에서 먹었던 역사적인 떡국
맛이 어땠을지 궁금해진다.

만두

길고 긴 역사를 빗다

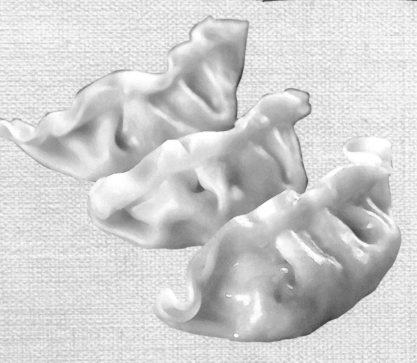

만두를 이야기할 때 가장 유명한 것은 제갈공명의 전설이다. 호수를 건너는데 큰 풍랑이 일어나 사람의 머리를 제물로 바쳐야 한다는 말을 듣자, 밀가루로 사람 머리 모양을 빚어 바쳐서 목숨도 구하고 음식의 세계에 새로운 지평을 열었다는 것이다. 그래서 이름도 만두饅頭일까?

그런데 과연 누가 밀가루로 반죽을 만들고 소를 넣어 찌거나 구울 생각을 했을까? 덕분에 이 맛있는 요리를 맛보게 되었으니 감사하고 또 감사할 노릇이다.

이제까지 잘 알려진 대로 만두의 세계는 매우 다양하다. 지금도 중국에서 만두는 어디까지나 소가 들어 있지 않은 하얀 찐빵이고, 오히려 교자가 우리가 알고 있는 밀가루 반죽에 고기소를 집어넣은 만두이다. 그 외에도 샤오룽파오, 샤오마이, 쫑쯔 등 다양한 만두 혹은 만두 사촌쯤 되는 요리가 있다. 그런 의미에서 여기에서 말하는 만두는 우리나라 기준의 만두, 즉 밀가루 피 안에 소를 넣고 찌거나 구운 것으로 제한해 두자.

우리나라에서도 만두의 종류는 참으로 다양하다. 고기만두뿐만이 아니라 동과만두, 어만두, 생치만두, 골만두, 동과만두, 천엽만두, 병시 등등. 여기에 떡과 만두의 중간쯤 되는 혼돈까지 포함하면 더 많아진다. 사실 옛날의 만두는 떡의 한 종류로 여겨지기도 했는데, 이 이야기는 앞서 〈떡국〉의 장에서 다뤘으니 여기에서는 생략하겠다.

| 세계의 다양한 만두들. 차례로 샤오룽파오, 샤오마이, 쫑쯔

만두의
기원

만두는 과연 언제쯤 우리나라에 들어왔을까. 고려 시대에도 이미 많은 사람들이 만두를 먹고 있었다. 바로 그 증거가 남녀상열지사를 노래한 것으로 소문이 자자한 고려가요 〈쌍화점雙花店〉이다. 그리고 이 쌍화를 요즘 말로 바꾸자면 만두이다. 그러니까 '쌍화사로 가고신딘 회회아비 내 손모글 주여이다'라는 고려가요의 가사를 요즘 말로 바꾸면 '만두집에 만두 사러 갔는데 만두집 아저씨가 내 손목을 쥐데?'라는 생활 밀착형 내용이 된다.

하여간 쌍화는 다른 이름으로 쌍하雙下 혹은 상화床花라고도 적었는데, 역시나 외국에서 들어온 음식이었기에 이름이 가지각색이었던 듯하다.

그런데 쌍화는 지금 우리가 알고 있는 만두와는 달랐다. 지금처럼 둥그렇고 얇은 만두피로 소를 싸서 익히면 안이 보일락 말락 살짝 투명해지는 게 아니었고, 내용물도 달랐다. 그리고 고려 시대에만 먹은 것도 아니었다. 조선 시대에 들어와서 쌍화는 상화병이라는 이름으로 궁중 요리에 포함되었으니 1643년 〈영접도감의궤〉에도 실려 있다.

상화는 밀가루를 누룩 혹은 밑술로 반죽해서 발효시킨 뒤, 버섯, 두부, 무 등 채소들에 갖은 양념을 하여 소를 만들어 반죽에 넣고 쪄낸 것으로, 요즘 식으로 한다면 고기 한 점 안 들어간 야채찐빵이었다. 고기가 들어가지 않은 것은 이 요리가 전래된 고려 시대에는 불교가 국교여서 살생을 꺼린 탓이었으리라.

《음식디미방》에도 상화를 만드는 법이 꽤나 자세하게 실려 있는데, 대체로 다음과 같다.

1. 잘 여문 밀을 세 번 찧고 또 말리면서 키로 까불러 껍질을 없애고 가는 체로 친다(이는 곧 상화의 주재료인 밀가루를 만드는 과정이니, 마트에 가면 마음껏 밀가루를 살 수 있는 지금이 얼마나 편리한 세상인지 실감하게 된다).

2. 밀기울을 가루로 빻아 쌀 한 줌과 함께 막대로 저어 가며 푹 끓여 죽을 쑨다. 이 죽에 좋은 술을 한 숟가락 넣고 적당한 온도에 두어 발효시킨다. 그다음 날에도 다시 맹물로 죽을 쑨다(왜 한 번 끓인 죽을 그냥 발효시키지 않고 이런 작업을 하는 지 알 수 없다). 그러다 사흘째 새벽에 만들어진 술을 걸러 맛을 순하게 한 뒤, 다시 한 번 고운 명주자루에 걸러 낸 뒤 이것을 밀가루에 넣고 반죽한다.

3. 반죽이 부풀어 오르면, 여기에 소를 넣어 상화를 빚은 뒤 솥에 안치고 찐다. 다만 밀기울죽이 있는 솥에 그대로 넣으면 색깔이 누렇게 되니 기울죽을 다른 그릇에 옮겨 놓는다.

4. 오이와 박을 썰어서 삶고, 석이버섯, 표고버섯, 참버섯을 가늘게 찢어서 간장과 기름에 볶고, 잣과 후춧가루로 양념해서 소를 만든다. 이 외에도 꿀로 반죽한 팥을 소로 넣기도 한다. 다만 급할 때는 껍질 벗긴 팥을 쪄서 꿀을 넣는데, 이건 다음 날이면 쉬기 십상이다. 제대로 만들려면 팥을 죽을 쑤듯이 쪄서 으깨고, 이걸 솥뚜껑 위에 졸여서 물기를 없앤 뒤 꿀을 넣어 만들면 오래도록 쉬지 않는다고 한다.

《음식디미방》에서 이렇게까지 요리법을 길고 자세하게 적은 예는 드물다. 그런데다가 따라 할 엄두가 나지 않을 만큼 복잡하다. 갑자기 겨울이 되면 편의점에서 흔히 볼 수 있는 찐빵이 대단해 보인다. 이 작은 빵이 이렇게 복잡한 과정을 거쳐 만들어진 것이었다니! 그래서 고려 사람들도 집에서 만들기보다는 쌍화점에 가서 사 먹었던 것이리라.

그렇다면 내내 만두를 상화라고 불렀냐 하면 그건 아니었다. 목은 이색은 〈금주음今州吟〉이라는 시에서 당당하게 만두라는 말을 썼으니 말이다. 당연히 만두를 먹으면서 쓴 시인데, 여기에도 얽힌 사연이 있었다. 어느 날 관악산의 신방사新房寺라는 절의 주지가 이색에게 줄 먹을 걸 가지고 찾아왔다. 원래부터 먹을 거라면 마다하지 않는 이색이거늘, 하물며 맛난 만두와 두부까지 왔으니 오죽 기뻤겠는가. 그래서 시까지 지었다.

신도가 스님을 먹이는 것이 원래 정상인데
檀越齋僧是故常
산의 승려가 속인을 먹이다니 놀랄 만도 하지.
山僧饗俗可驚惶
만두는 눈처럼 쌓여 푹 쪄낸 그 빛깔 하며
饅頭雪積蒸添色
두부는 기름이 맺혀 지져서 익힌 그 향기라니
豆腐脂凝煮更香
다생의 인연이 많으리니 이 어찌 우연이리오.
緣厚多生非偶値
한 그릇 밥의 은혜 어떻게 갚을 수 있을는지
恩深一飯恐難當
나의 이 말 새겨서 천고토록 전하고 싶어라.
欲書此語傳千古
만 길도 넘게 하늘에 치솟은 저 석벽 위에다가
石壁天齊萬仞强

_ 이색,《목은시고》35권 〈금주음衿州吟〉

고작 만두와 두부만으로도 이렇게 사람이 문학적으로 장대하게 기뻐할 수 있다니, 역시 맛있는 것은 사람을 살찌우고 세상을 이롭게 할 수 있는 것 같다.

그런데 이 시에서 만두에 대한 표현을 잘 들여다보자. '눈처럼 하얀'이라니 이상하지 않은가? 눈이라면 하얗고 폭신폭신하고 또 차가운 법이다. 만두가 차가울 리도 없고, 지금 우리가 흔하게 먹는 만두, 반투명한 피 사이로 내용물이 은은하게 비쳐 보이는 만두와는 차이가 있다. 그런 의미에서 이색이 말한 만두는 상화의 한 종류였을 것이다. 절에서 만들어 온 것이니 고기는 안 들어갔겠지만 이색이 밥의 은혜를 외칠 정도로 맛있었고 말이다. 수백 년 뒤의 어떤 사람도 뽀얀 만두를 선물 받고 즐겁게 먹으며 시를 썼으니, 바로 서거정이었다.

빨간 찬합통을 처음 열어 보니

朱榼初開見

만두가 서리처럼 하얗구나.

饅頭白似霜

말랑하고 따듯하니 아픈 입에 딱 맞고

軟溫宜病口

달콤함이 쇠약한 창자를 도와주네.

甛滑補衰腸

항아리 안에는 매실장이 있고

甕裏挑梅醬

쟁반 위에는 계피와 생강도 찧어 넣었네.

盤中搗桂薑

어느덧 다 먹고 나니

居然能啖盡

넉넉한 뜻을 잊기 어렵구나.

厚意儘難忘

서거정도 만두라고 분명히 쓰고 있지만, 하얗다는 표현에서 미루어 역시나 찐만두, 곧 상화일 것이다. 간장과 생강을 함께 준비한 것을 보면, 찍어 먹는 양념장은 요즘의 만두와 비슷했던 것 같다. 이후로도 아주 오랫동안 만두와 상화는 같은 뜻으로 쓰였다.

그렇다고 우리가 아는 만두 종류가 아예 없었던 것도 아니었다. 앞서 상화 만드는 법을 아주 자세히 설명했던 요리서《음식디미방》은 진짜 '만두' 만드는 법도 싣고 있으니까.

그런데 만두를 만들 때 문제가 있었다. 만두의 중요한 재료인 밀가루를 우리나라에서는 구하기 쉽지 않았다는 것이다. 이미 고려 때부터 중국에서 밀을 수입했으며, 물론 우리나라에서도 간간히 밀을 재배하긴 했지만, 수요를 따라가기는 어려웠다. 조선의 다양하고도 독특한 만두들은 바로 이런 결핍에서 만들어졌다.

우선 조선 시대에 가장 흔한 가루였던 메밀로 피를 빚은 메밀만두가 있었다. 추사 김정희는 〈양근 군수를 보낸다〉라는 시에서 '메밀꽃

| 조선 시대에 흔하게 먹었던 메밀로 빚은 메밀만두

반짝반짝 은색 좁쌀이 눈부시니, 산을 가득 채운 것이 다 만두의 재료
구나'라고 말했다. 즉 메밀로 만두를 만드는 것이 정말로 흔했던 모양
이다.

《음식디미방》의 메밀만두는 상화에 비하면 만들기가 훨씬 쉽다. 먼
저 메밀가루로 풀을 쑤고, 이걸 반죽해서 개암 크기만큼 떼어 만두피
를 빚는다. 여기에 무를 푹 삶아 으깬 것에 꿩고기의 연한 살을 다져 넣
고 기름간장에 볶아 잣과 후추, 산초가루로 양념한 소를 넣어 빚는다.
만두를 익힐 때는 새옹(솥의 일종)에 1인분씩 삶고 생강즙을 넣은 초간장
에 찍어 먹는다. 만두소로 쇠고기를 쓸 수도 있는데, 쇠고기는 꼭 간장
기름에 익힌 뒤 다져야 한다고 했다. 그 외에도 채소만 넣은 소만두도
있는데 피만 메밀로 만들지, 소의 재료는 상화와 거의 같았다.

아무래도 반죽을 만들어 발효를 시키는 등 손이 무척 많이 가는 상화에 비하면 만두는 만들기 훨씬 쉬웠고 시간도 적게 들었다. 고려부터 조선 전기까지 만두계를 지배했던 상화가 차츰 사라지고 우리가 잘 알고 있는 얇은 피의 만두들이 스멀스멀 나타난 데에는 바로 만들기 쉽다는 이유가 크게 작용한 것인지도 모른다.

변씨가
만두를 만들었다고?

상화를 대신하여 조선 후기에 등장한 새로운 만두 중에서 특히 재미있는 이름이 있으니《임원십육지》에 나오는 변씨만두卞氏饅頭이다.

레시피를 들여다보면 그리 대단한 것은 없다. 메밀가루를 소금물로 반죽해서 피를 만들고, 돼지고기와 미나리, 파, 후추로 소를 만들어서 만두피로 싸고 삼각형 모양이 되게 잘라 붙이니 요즘의 만두와 크게 다를 바가 없다. 이렇게 만든 만두를 끓는 장국에 넣어 익혔으니, 바로 우리가 잘 아는 물만두였다.

그런데 왜 변씨만두인가? 여기에 대해《임원십육지》에서는 변씨 성을 가진 사람이 이 만두를 매우 잘 만들어서 이런 이름이 붙게 되었다고 설명한다. 변씨만두는《규합총서》에도 나온다. 소의 내용물은 닭과 잣가루로 바뀌었지만, 속이 비치도록 밀가루 반죽을 얇게 펴 피를 만들고, 만두소를 넣어 네 귀를 모아 싸서 빚은 뒤 닭 삶은 물에 넣어서

당시 먹었던 물만두들. 차례로 변씨만두, 수교의

익힌다는 것을 보면 틀림없는 물만두다.

그러니 궁금해진다. 과연 변씨라는 사람이 누구이기에 이렇게 만두의 역사에 이름을 남겼던가? 그런데 사정을 잘 살펴보면 꽤나 재미없는 진실을 알게 된다. 조선 시대의 궁중 요리 중에는 병시餅匙가 있다. 이름 뜻만 보자면 숟가락으로 떠먹는 떡(만두), 곧 국물을 듬뿍 넣고 익힌 물만두이다. 그런데 이 요리가 민가에 전해지면서 병시라는 이름이 바뀌어 변씨가 되고, 그러면서 차츰 없던 이야기가 생겨나 변씨라는 난데없는 인물이 창조된 것이다. 혹시 인절미에 임씨가 만든 떡이라는 전설이 생긴 것도 이와 비슷하지 않을까?*

하지만 변씨만두가 최초이자 유일한 물만두냐 하면, 그건 아니었다. 현존하는 요리서 중에서 가장 오래된 《산가요록》에는 수교아水羔兒라는 물만두가 당당하게 실려 있다. 수교아는 밀가루와 메밀가루로 피를

* 병시는 물에 삶아 먹는 것이고 만두는 찜통에 쪄 먹는 이라는 의견도 있는데, 정 조선 시대의 요리서를 참고 보면 분명하게 구분되지 않 혼용되었던 것 같다.

만들고 고기로 소를 만들어 넣고 빚은 뒤 끓는 물에 삶고, 생강 넣은 초간장에 찍어 먹는 만두였다.

그다음《시의전서》에는 수교의라는 물만두가 나온다. 밀가루를 반죽해서 피를 만든 뒤 네모나게 자른다. 소에는 표고버섯, 느타리버섯, 석이버섯, 고추와 달걀, 쇠고기가 들어간다. 이것들을 모조리 볶아서 만두피에 집어넣고 노리개 모양으로 접어 빚은 뒤 감잎 위에 쪄서 초장에 찍어 먹는다. 어디서 많이 본 듯하다면 바로 그렇다. 이름은 어떻든 편수와 굉장히 비슷하다. 편수는 보통 여름에 빚어 먹는 납작한 만두로, 주로 호박이나 무 같은 채소를 소로 만들어 넣었지만 때로 고기가 들어가기도 했다.

그럼 이제 한 가지가 남았다. 군만두는 과연 없었던 걸까? 그럴 리 있겠는가! 신유한의《해유록》에는 소만두燒饅頭라는 언급이 나오는데, 이름만 본다면 어린 시절 분식집에서 곧잘 사 먹었던 군만두이다. 다만 신유한이 나중에 붙인 설명에 따르면 '떡은 소만두가 제일인데 모양이 상화병霜花餠과 같다'라고 해 두었으니, 요즘 군만두처럼 납작하지 않은, 찐만두를 불에 구운 것일지도 모르겠다.

한편《요록》에는 좀 더 제대로 된 군만두가 있다. 이름은 건전병堅煎餠이라고 하는데, 밀가루, 메밀가루, 녹두가루를 섞어 반죽하여 만든 피에 고기를 넣고 만두처럼 만들어 참기름에 지지는 요리였다. 더할 나위 없이 완벽한 군만두다. 초장을 곁들이는 것까지 말이다.

이것 말고도 다양한 만두, 특히 눈이 번쩍 뜨일 만큼 호사스러운 만

| 특이한 재료로 만든 만두들. 차례로 숭어만두, 생치만두

두가 많이 있었다. 물고기살을 녹말가루에 묻혀 익힌 어만두, 꿩의 고기를 얇게 펴서 잣을 싼 생치만두, 소의 창자인 천엽으로 소를 싼 천엽만두, 그 외에도 돼지고기나 거위고기를 얇게 저며 만두피 삼아 소를 넣은 것도 만두라고 했다. 한편 허균은 큰 전복의 살을 저며 만든 전복만두도 이야기했다.

좀 더 신기한 만두들도 있었다. 말린꿩만두(건치만두)는 꿩고기를 장에 재웠다가 기름, 꿀, 후춧가루를 넣고 말린 뒤 이것을 피로 사용해 통잣을 싸서 먹는 것이고, 참새의 뇌와 날개를 다져서 참새 뱃속에 넣고 밀가루로 싼 뒤 쪄서 참기름에 튀겨 먹는 참새만두도 있었다. 준치의 가시를 모조리 뽑은 뒤 살을 삶아 곱게 다져 양념하고 녹말을 고루 묻혀 익히는 준치만두가 있으며, 굴을 씻어 유채기름에 볶은 뒤 만두피에 하나씩 넣고 빚은 석화만두도 있었다. 소의 골을 익혀서 잘게 썬 뒤 녹말을 묻혀 익힌 것을 골만두라고 했고, 양의 허파, 위, 창자와 돼지고기를 참기름에 볶은 것, 생강, 귤껍질, 살구씨와 천초까지 섞은 소를 넣은 잡도두자라는 만두도 있었다.

　내용물은 평범해도 신기하게 요리해 먹는 만두도 있었다. 술지게미 만두라고 해서, 만두를 술지게미 속에 하루 종일 묻어 놓은 뒤 참기름에 튀긴 만두였다.

　하나하나 신기하고, 대체 무슨 맛일지 궁금해지는 요리들뿐이다. 여기에 더해 중요한 것은 그런 만두들을 누가 먹었느냐 하는 것이다.

만두와 함께하는 삶

점심을 배부르게 먹었더니 저녁은 먹고 싶지 않아

午飯飽來晡飯厭

만두 하나로 때우니 속이 가볍고 편안하네.

饅頭一顆覺輕安

인생 뜻이 족하면 그만이지 무얼 또 기다리랴?

人生意足更何待

늙은이의 쇠약한 위장 잘 돌봐주어야지

老子胃衰須得寬

－ 장유,《계곡선생집》31권 〈즉흥시[卽事]〉

조선 인조 때의 인물인 장유가 지은 시이다. 밥 챙겨 먹기 귀찮아서 대충 때우려는 사람은 이전에도 많았으니, 편의점과 삼각김밥이 없던 당시에는 만들었다가 남겨 둔 만두가 식사 대용으로 참으로 편리했을 것이다. 어쩐지 밥상도 물려 놓고 평상에 누워 뒹굴 거리면서 하릴 없이 만두를 뜯어 먹는 선비의 모습이 절로 떠오른다. 그런데 만두 맛에 빠져 식사를 거르는 사람이 또 있었으니, 바로《옥담사집》의 저자 이응희였다.

우리 집 며느리의 솜씨가 좋아
吾家巧媳婦
맛난 물만두를 잘 만드는구나.
能作水饅嘉
옥가루로 노란 좁쌀을 감싸고
玉屑韜金粟
은색 피로 싸서 솥에 삶는다.
銀包泛鐵鍋
쓴맛은 생강을 넣어서 나고
苦添薑味勝
짠맛은 간장을 많이 넣어서이지.
鹹助豆漿多
새벽에 한 사발을 먹고 나면
一椀呑淸曉

아침 내내 밥이 안 먹히네.

崇朝飯不加

대체 얼마나 맛있었으면 새벽에 잔뜩 먹었을까? 그러고도 또 아침을 먹으려 든 것이 대단하다. 상화에 비할 바는 아니었지만, 만두 역시 가루를 내어 피를 빚고 소도 따로 만들어야 했으니 손이 많이 가는 요리였고 그래서 주로 여자들이 만드는 요리였다.

이응희의 며느리 외에 만두를 잘 만든다는 증언이 남은 사람이 또 있다. 바로 다산 정약용의 아내 홍씨였다. 잘 알려진 대로 정약용은 18년이나 고된 귀양 생활을 했다. 그래도 아주 외롭지만은 않았으니, 귀양지까지 찾아와서 우정을 나눈 문산文山 이재의李載毅가 있어서였다. 이재의는 노론의 명가 출신이었지만 벼슬에 뜻을 두지 않았고, 자신보다 10살이나 위인 남인 당파의 정약용을 찾아가 친구가 될 만큼 생각이 열린 사람이었다.

정약용의 귀양이 풀려 돌아온 이후 어느 추운 겨울날, 이재의는 정약용의 집으로 놀러가서 며칠을 묵었다. 하루나 이틀도 아니고 사흘이나 있었는데, 정약용의 아내 홍씨는 손님을 대접하고자 만두를 빚었고, 정약용은 이것과 함께 시를 지어 이재의에게 보였다.

늙은 아내의 만두는 세상이 좋아하는 대로 만든 거라

老婦饅頭由世好

당연히 자타갱보다 많이 못지진 않을 걸세.

不應多羡紫駝羹

자타갱이란 '보라색 낙타고기로 끓인 국'이라는 말로, 천하별미라는 소리다. 우리 아내의 만두가 그런 귀한 요리보다 못하지 않다니, 이쯤 되면 정약용은 아내 자랑의 팔불출이라 하겠다. 또한 가난하고 힘든 살림에 어떻게든 손님상을 차려 내려고 애쓰는 아내에의 고맙고도 미안한 마음이 담겨 있는 것인지도 모른다. 눈이 펑펑 오는 추운 겨울날, 세상의 주류에서 벗어난 두 남자가 앉아 만두를 냠냠 먹으며 시를 주고받는 모습이 쓸쓸하면서도 정겹다.

이로부터 먼 훗날의 이야기를 하자면 정약용이 세상을 떠나고, 그로부터 2년 뒤 홍씨가 세상을 떠났다. 이재의는 손수 만사까지 지어 바치며 슬퍼했는데, 어쩌면 그 모든 게 이날의 만두가 인연이 된 것은 아니었을까.

이렇게 훈훈한 정약용의 만두와는 달리, 불행을 가져다준 만두도 있었다. 대표적인 것이 중종 19년(1524)에 벌어진 만두 독살 사건이다. 가위장假衛將으로 있던 이곤李坤이 창덕궁에 출근해서 만두를 먹다가 갑자기 쓰러져 죽는 사건이 벌어졌다. 만두를 나눠 먹은 사람들도 토하고 정신을 잃었으니, 틀림없이 만두에 독이 들어가 있었던 것이다. 그런데 이 만두는 궁궐에서 나온 게 아니라, 이곤이 집에서 가져온 만두였다. 그래서 이곤의 집 노비들이 체포되고 은비녀로 독을 시험하는 등 큰 소동이 벌어졌다. 자세한 사정은 알 수 없지만, 피해자 이곤은 만두를 근무처에 가져갈 정도로 좋아한 인물이었고, 범인도 그 사실을 알고 만두에 독을 넣었으리라.

결국 이곤의 종 한 사람이 자신이 소반 위에 있던 만두를 쪼개어 독을 넣었다고 자백했다. 하지만 이 자백은 무려 아홉 번에 거친 고문 끝에 나온 것이었다. 의금부는 이 진술이 아귀가 안 맞고 이미 익은 만두를 쪼개서 독을 넣으면 만두피가 터진 자국을 지울 수 없다는, 참으로 타당한 지적을 했다. 그렇지만 이 사건은 실토한 노비의 죄로 마무리되었고, 노비는 결국 고문을 이기지 못하고 죽고 말았다.

이것 말고도 만두가 악명(?)을 떨치게 된 예가 있으니, 광해군 때의 정인홍 때문이었다. 깐깐한 유학자 조식의 제자였던 정인홍은 임진왜란 당시 환갑이 넘은 나이에도 의병을 일으키고, 선조에게 "이제 그만 세자(광해군)에게 왕위를 물려주시죠?" 하며 대놓고 말할 만큼 괄괄한 성격이었다. 그래서 광해군 시기에 대북이 정권을 잡자 타협 없이 강성으로만 나가 이후의 인조반정이 벌어지는 데 기여하기도 했다.

그런데 정인홍은 둥글둥글한 만두를

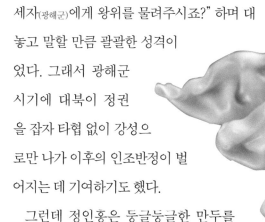

참 좋아했다. 그래서 정인홍을 찾아가는 사람들은 모조리 만두를 들고 가서 아부를 했다고 한다. 과연 정인홍이 만두로 청탁을 받아주었을지는 알 수 없지만, 매우 만두를 좋아했기에 이런 이야기까지 생겼으리라.

대체 만두라는 음식에 어떤 마력이 숨어 있기에 이처럼 오랜 시간을 지나 지금까지 전해지고, 이렇게나 많은 이야기가 얽혀 있는 것일까. 만두를 보며 새삼 길고 긴 역사를 느끼게 된다.

| 요리를 사랑한 남자들 |

●**이색**牧隱 李穡, 1328~1396

고려 말의 인물. 조선에 성리학을 본격적으로 소개한 사람이자, 중국의 과거시험에
서 장원급제를 했던 능력자이다. 야은 길재冶隱 吉再, 포은 정몽주圃隱 鄭夢周와 함께
고려 말 3은 중 사람으로 꼽히며 많은 신진사대부들의 스승으로 남은 위대한 사람
이었던 한편, 먹는 것 밝히기로 한국 역사에서 둘째가라면 서러운 사람이기도 했다.
그는 참 먹는 것을 좋아했고, 그걸 시로 지어 고려 말 먹거리에 대해 많은 자료를 남
겼다. 또한 맛에 대한 집착도 대단해서, 지인 집에서 평양의 말린 물고기를 얻어먹
고 30년 동안 그 맛을 그리워하며 끊임없이 찾아다녔으며, '이전의 그 맛'이 아니라
고 슬퍼하기까지 했다. 본인도 그런 자신을 잘 알았기에 몇 번이고 '내가 좀 식탐이
심해서……'라고 글을 남겼다.

늙어서 먹을 것 탐하기 그 누가 나만 하랴.
좋고 나쁨과 정밀하거나 거칢도 문득 잊고
먹을 것 만나면 구덩이 채우듯 배불리지만
호구책은 평생토록 전혀 융통성이 없었네.

그러다 결국 나이가 들고 이가 아파지자 한참을 고생하다가 빼버렸는데, 덕분에 안
아픈 것은 좋지만 맛난 걸 먹기 힘들어졌다고 슬퍼할 정도로 먹는 데 목숨을 건 사
람이었다.
이런 내용들을 보면 고려의 마지막 충신으로 온갖 정치적 고난을 겪다가 순탄치 않
은 죽음을 맞이한 그의 이미지와 좀 다르다고 느껴지지만, 아무리 나라가 무너져 가
고 난세가 찾아온다 해도 맛난 것 하나에 행복해질 수 있다면 그것도 사람이리라.

장과

더

져

트

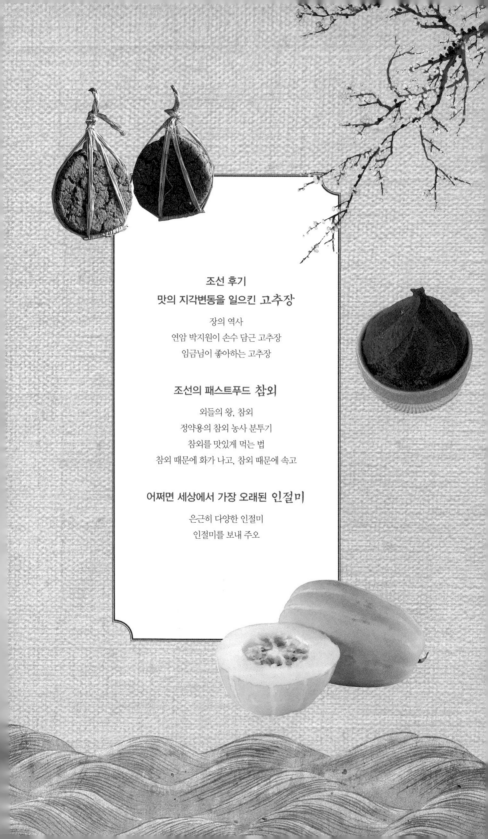

맛의 지각변동을 일으킨 고추장

장의 역사
연암 박지원이 손수 담근 고추장
임금님이 좋아하는 고추장

조선의 패스트푸드 참외

외들의 왕, 참외
정약용의 참외 농사 분투기
참외를 맛있게 먹는 법
참외 때문에 화가 나고, 참외 때문에 속고

어쩌면 세상에서 가장 오래된 인절미

은근히 다양한 인절미
인절미를 보내 주오

조선 후기
맛의 지각 변동을 일으킨

고추장

지금은 소금, 혹은 짠맛이라고 하면 건강을 해치는 만악의 근원이라고 여기고, 저염식, 무염식 등의 식생활이 널리 유행하고 있다. 하지만 그와는 별개로 사람은 소금 없이는 생명을 유지할 수가 없다. 그래서 예로부터 소금은 매우 귀중했고, 로마에서는 급료를 소금으로 줬으며, 중국에서는 소금에 세금을 매겼다. 하지만 소금이 아무리 중요하다 한들 매일 똑같이 소금으로만 간을 해 먹으면 질리기 마련. 그래서 사람들은 다종다양한 '짠맛'을 개발해 냈으니, 그게 바로 장(醬)이다.

이 중 간장은 다른 말이 필요 없는 장계의 '시그니처 메뉴'이다. 중국, 한국, 일본에서 전부 만들었고, 특히 우리나라에서는 삼국 시대부터 만들어 먹었다.

간장의 원재료는 바로 콩이다. 콩을 흐드러지게 삶고 이걸 뭉쳐서 메주를 만들어 새끼줄에 달아매 두면, 마르면서 곰팡이가 피고 발효가 된다. 그럼 이걸 다시 장독대에 넣고 물을 부은 뒤 오랜 시간이 지나면 물이 까맣게 우러난다. 이것이 바로 간장이다. 이때 건져 낸 메주 건더기를 으깨면 된장이 된다.

요즘에는 장을 직접 담가 먹는 사람이 별로 없지만, 필자가 어렸을 적만 해도 마당에 아주 작은 항아리가 있었고, 그걸 열면 노란 메주가 까만 물 위로 고개를 삐죽 내밀고 있어서 신기한 마음에 한참이고 바라본 기억이 있다.

| 간장, 된장, 고추장 등 다양한 장을 보관해 두는 장독대

장의
역사

　장은 음식이라기보다는 반찬의 기본 중 기본이고, 따라서 요리로 분류하기에는 무리가 있다. 하지만 요리의 기본이 바로 양념이니, 곧 장이다. 장이 없이 어떤 요리를 만들 수 있단 말인가? 조상님들도 이걸 잘 알았기에 장을 중요하게 여겼으니, 장을 담그는 일은 매우 신성한 일이었다. 그래서 장을 담글 때 별별 미신들이 다 있었다. 장을 담그면 안 되는 금기 일도 있었고, 부정을 탄 사람은 장을 담그는 데 가까이 오면 안 되었다. 이는 옛사람들이 미신을 너무 믿었다기보다는, 일 년치 밥상의 행복이 걸린 중요한 일이었기에 더욱 조심스러웠던 게 아닐까. 잘못해서 장을 망쳐 버리면 요즘처럼 슈퍼에 나가서 살 수도 없고, 새로 장을 담그는 중노동을 하지 않는 한 다시 구할 방도가 없었으니 말이다.

그런데 어째서인지 이유는 알 수 없지만 《음식디미방》에는 술 담그는 법은 있어도 장을 담그는 법은 나와 있지 않다. 대신 숙종 때의 학자 유암 홍만선洪萬選의 저서 《산림경제》에는 장을 담그는 법이 상세하게 나와 있다. 여기에 실린 장의 종류는 한두 가지가 아니며, 어디선가 들어본 것처럼 익숙한 장도 있고, 이게 대체 뭔가 싶은 특이한 장도 있다.

1. 생황장生黃醬

콩으로 만들며, 일 년 중 가장 더운 삼복 때 담근다. 흰 콩, 검은 콩을 가리지 말고 깨끗하게 씻어 온종일 물에 담가 둔 뒤 솥에 넣고 푹푹 찐다. 여기에 메밀가루를 많이 넣은 뒤 돗자리 위에 헤쳐 놓고 짚으로 덮어 두면 발효가 시작되며, 더운 날씨 탓에 이틀쯤이면 노란 곰팡이가 생긴다. 곰팡이가 생기면 먹기에 어려울 것 같지만, 장을 만들려면 볕에 오래 말리는 것이 관건이었다. 이렇게 만들어진 메줏가루에 소금을 넣고 정화수를 붓되 물이 한 주먹쯤 위까지 올라오게 했다.

2. 숙황장熟黃醬

이것도 콩을 가리지 않고 만드는 장이다. 그러나 삶는 대신 볶아서 가루로 빻은 뒤, 밀가루를 더 넣고 골고루 반죽하여 덩어리로 만들어서 쪘다. 그다음 돗자리 위에 널어 짚으로 덮어 두면 곰팡이가 생긴다. 이후에는 생황장처럼 메줏가루, 소금, 정화수를 부어 햇볕을 쐬게 했다.

3. 면장麵醬

이건 또 재미있는 장이다. 면麵 자가 들어가니 국수인가 하겠지만, 가루로 만든 장이라는 뜻에 가깝다. 주재료는 메밀로, 메밀을 가루로 빻아 냉수로 반죽해서 손가락 두께의 덩이를 만든다. 이걸 소쿠리에 넣어 반나절 말린 뒤 짚으로 덮어 곰팡이가 슬면, 다음 날 볕에 말리고 빻아서 끓인 소금물을 부으면 된다.

4. 대맥장大麥醬

검은 콩만으로 만드는 장이다. 볶은 콩을 물에 불린 뒤 삶아 식혀 놓고, 여기에 보릿가루를 체로 쳐서 넣어 반죽한다. 이렇게 덩어리를 만들어 시루에 쪄서 식힌 뒤 닥나무 잎으로 덮어 둔다. 곰팡이가 슬면 볕에 말린 뒤 빻아 가루로 만들고, 여기에 소금과 정화수를 부어 항아리에 넣는다.

5. 유인장榆仁醬

느릅나무의 열매로 만드는 장이다. 느릅나무 열매를 잘 씻어서 하루

| 콩으로 만든 메주는 장을 만드는 데 꼭 필요한 재료이다.

동안 불린 뒤, 떠오르는 껍질들은 버리고 흔들어 씻어 점액을 빼낸 뒤 삼즙을 섞어 볕에 말린다. 이걸 자그마치 일곱 차례 반복하고 메줏가루를 넣어 면장을 담그듯이 한 뒤 소금물을 붓는다.

6. 동인조장법東人造醬法

풀이하면 동쪽 사람식 장 담그는 법. 깨끗한 콩을 준비해서 하루 종일 물에 불린 뒤 삶는다. 콩을 짓이겨 주먹만 한 덩어리로 만들고, 사이사이 짚을 넣어 더운 곳에 두면 곰팡이가 핀다. 좀 더 잘 말리면 바로 말장(末醬, 메주)이며, 이걸 독 안에 넣고 소금물을 붓는다.

여기까지 보면 요즘 사람들에게 익숙한 것은 가장 마지막의 동인장이다. 요즘의 간장, 된장 담그는 법과 크게 다를 바가 없고, 게다가 가장 간단하기도 하다.

한편 《산림경제》는 몇 가지 장 담그기 팁을 전하는데, 이렇게 담근 장에 새우가루를 넣거나 달걀, 오리 알 껍질을 넣으면 더 맛있어진다고 한다. 또한 느릅나무 열매로 만든 장이 그렇게나 맛이 좋다는 설명이 있어, 과연 장맛이 어떨지 궁금할 지경이다.

그런데 한 가지 이상한 점이 있다. 이렇게 듣도 보도 못한 기기묘묘한 장들이 많은데, 정작 지금 우리에게 가장 익숙한 이름이 보이지 않는다. 바로 고추장이다.

여기에는 그럴 수밖에 없는 이유가 있다. 고추는 우리나라에 참으로 늦게 도입된 식물이었다. 고추의 옛날 이름은 남만초南蠻椒, 즉 남쪽 오랑캐 초라는 말이다. 그 이름대로 남쪽, 정확히는 일본에서 들어왔으니, 바로 임진왜란 때 일이다. 그래서 고추의 다른 이름을 '왜겨자'라고 했다던가. 당연히 그전까지는 이 땅에 고추장이라는 장은 없었다.

그래서 사람들이 오로지 간장이나 된장만 먹고 살았느냐 하면, 그건 또 아니었다. 고추장의 조상님이 있었으니, 바로 초시椒豉였다. 뜻을 풀이하자면 '초피나무 열매로 만든 메주'이니, 한마디로 초장椒醬이었다.

식도락에는 일가견이 있던 허균은 이 장을 소개하면서 황주黃州 것이 제일 좋다는 소개도 덧붙이고 있다. 초시는 앞서 소개된 여러 종류의 장처럼 메줏가루에 쌀이나 밀가루, 초피가루를 섞어 넣고 발효시켜서 만들었을 것이다. 초피는 보통 옛글에서 천초川椒라고 쓰며, 간혹 일본의 산초와 혼동하는 사람이 있다. 하지만 기름을 내는 산초와 달리 초피는 잘 말린 열매의 껍질을 갈아서 쓰는 향신료이다. 요즘은 추어탕을 먹을 때 주로 넣는다. 초피의 맛은 맵다기보다 혀를 아리게 하는 자극에 가깝다. 조선 시대 때 이 식물의 잎과 열매를 물에 풀어 물고기의 씨를 말리듯이 잡았다는 게 그럴싸할 만큼 말이다. 그럼에도 조선 사람들의 많은 사랑을 받았던 향신료이다.

그러다가 마침내 고추가 이 땅에 들어온다. 목화는 고려 말에 문익점이 들여온 것으로 유명하지만, 고추씨는 누가 들여왔는지 알려지지 않았다. 하지만 임진왜란부터 정유재란이 완전히 끝날 때까지 7년 동안 누군가가 고추씨를 가져왔고, 그걸 이 땅에 심어 보았으리라. 그리고 이 이국의 식물은 이 땅의 맛의 지도를 바꿀 만큼 선풍적인 인기를 자랑하게 되었다. 사람들은 처음엔 길쭉하고 빨갛게 익는 신기한 식물을 낯설게 생각했지만, 이내 고추의 매운 맛을 사랑하게 되었고, 이걸 장에도 넣은 것이리라.

물론 고추장이 단숨에 조선인의 입맛을 사로잡은 것은 아니었다. 앞에서 말한 대로 현종 때의 《음식디미방》에는 고추라는 재료가 아예 언급이 되지 않으며, 숙종 때 쓰인 《산림경제》에는 만초장蠻椒醬의 이야

기가 있다. 이미 만초(남쪽오랑캐풀[蠻椒]), 즉 고추가 들어간 고추장이 만들

어졌다는 것이니, 대신 여기에서는 고추를 못 구하면 천초를 넣으라고

되어 있다. 그즈음만 해도 고추는 구하기 쉬운 식물이 아니었던 것 같

다. 하지만 차츰 고추를 많이 심고 고추장을 만들면서, 여기에 나온 모

든 장들보다 늦게 만들어진 고추장은 사람들의 입맛을 휘어잡게 된다.

그리하여 만초장은 새로운 이름을 얻었으니 고초장苦椒醬, 즉 '(매워서) 쓰

거나 고통스러운 장'이라는 말이다.

　그렇게 혜성처럼 등장한 고추장은 조선을 대표하는 장이 되었다. 고

추장은 특히 순창에서 만든 것이 최고로 꼽혔는데,《소문사설諛聞事說》

에서는 각별하게 순창 고추장 만드는 법을 소개한다. 무려 전복과 새우, 홍합이 들어가는 초호화 고추장이다.

만드는 방법은 이렇다. 먼저 메주와 백설기떡을 섞어 가마니에 넣고 며칠 동안 발효시킨 뒤 햇볕에 말린다. 여기에 햇볕에 잘 말린 고춧가루를 섞고, 엿기름과 찹쌀을 섞어 쑨 죽에다가 감장을 적당히 넣은 뒤 몽땅 합쳐서 항아리에 넣는다. 여기에 좋은 전복과 새우, 홍합과 생강까지 넣으면 15일 뒤에 먹을 수 있다고 되어 있다. 재료와 준비가 매우 호화스러워서, 민가에서는 이보다는 좀 더 소박하게 고추장을 담갔을 것 같다.

연암 박지원이
손수 담근 고추장

고추장 작은 단지를 하나 보내니, 사랑방에 두고 밥 먹을 때마다 먹으면 좋을 거다. 내가 직접 담근 것인데 아직 잘 익지는 않았다.

이 편지를 쓴 주인공은 조선 후기, 아니 조선 최대의 베스트셀러《열하일기》의 저자인 연암 박지원이다. 그는 명문가인 반남 박씨의 일원이었지만, 젊은 나이에 과거를 포기한 뒤 평생을 야인으로 살다가 늘그막에 음직으로 벼슬자리를 얻는다. 물론 과거를 통과한 게 아니었으니 그리 높은 벼슬은 누리지 못했고, 1791년 55세의 나이로 지금의 경

이전에 보낸 쇠고기 장볶이는 받아서
아침저녁으로 먹고 있니?
왜 한 번도 좋은지 어떤지 말이 없니
무람없다 무람없어.
난 그게 포첩이나 장조림보다 더 좋은 거 같더라.
고추장은 내가 직접 담근 거다.
맛이 좋은지 어떤지 자세히 말해 주면
앞으로도 계속 보낼지 말지 결정하겠다.

상남도 함양군인 안의 현감으로 내려갔다. 즉 박지원은 어쩔 수 없이 서울의 집을 떠나 지방으로 부임해야 했다.

부인 이씨는 이미 4년 전에 세상을 떠났기에 집에 남은 것은 자식들뿐이었다. 이후 박지원은 재혼하지 않았지만, 그 이상으로 자식들을 살뜰히 챙기며 잔소리를 퍼부었으니 이 편지가 보여 주는 대로이다. 아버지가 직접 만든 고추장을 보내 준다니 이 얼마나 대단한 일인가?

이때 쓴 편지는 아주 짧지만 박지원의 뿌듯함이 넘쳐난다. 손수 콩을 삶아 메주를 만들었을지는 모르지만, 아무튼 메주를 으깨고 찹쌀밥도 하고, 여기에 고춧가루도 넣고 발갛게 된 장을 작은 단지에 차곡차곡 넣어 한두 번 손가락으로 찍어 맛을 보면서 얼마나 뿌듯했을까.

남들이라면 양반이 어떻게 그런 천한 일을 하느냐고 손사래를 칠지도 모르지만, 박지원은 자식에게 먹일 맛있는 것을 만든다는 데 마냥 행복했던 모양이다. 그리고 두 아들에게 자신이 만든 장을 직접 보내기까지 했으니, '아직 푹 익지는 않았다'라는 글귀에서 느껴지는 소심함과 걱정스러움이 아주 귀엽다.

박지원은 이것 말고 포脯도 자식들에게 보냈는데, 생선포인지 육포인지 알 수 없지만, 그의 부임지인 안의가 지금 지리산 자락인 것을 생각하면 육포일 가능성이 크다. 또 장볶이도 함께 보냈다. 이것은 요즘에도 먹는 고추장에 고기를 넣고 볶은 약고추장 같은 찬거리로, 다른 편지에 따르면 쇠고기를 넣어 만든 것이었다. 그즈음에 자식들은 이미 결혼도 한 어엿한 성인이었지만, 그래도 박지원은 자식들에게 손수 만든 찬거리를 보낸 듯하다.

지금 분가해 살면서 나이 드신 부모님에게 반찬을 받는 자녀들에게는 왠지 익숙한 상황일 것 같다. 때마다, 철마다 시간 나는 대로 부모님이 보따리에 싸 주시거나 택배로 보내는 반찬들, 늘 받다 보니 오히려 귀찮아지는 그런 것들 말이다. 박지원의 자식들도 요즘의 무심한 자식들과 크게 다를 바 없었다. 고추장은 받았지만, 감사는커녕 잘 받았다는 답장조차 보내지 않았다. 굳이 그들을 위해 변명을 하자면 큰아들 종의는 편지를 받기 불과 얼마 전에 첫 아이 효수孝壽를 얻었다. 그래서 큰아들은 아버지에게 답장을 보내되 갓 태어난 아이가 어떻게 생겼다는 둥, 예쁘다는 둥의 이야기만 잔뜩 적어 보내고 반찬을 보내 준 데 대해 감사하다는 말을 까맣게 잊어버린 것 같다. 그러자 연암 박지원은 삐쳤다.

이전에 보낸 쇠고기 장볶이는 받아서 아침저녁으로 먹고 있니? 왜 한 번도 좋은지 어떤지 말이 없니? 무람없다, 무람없어. 난 그게 포첩(脯貼, 육포)이나 장조림보다 더 좋은 거 같더라. 고추장은 내가 직접 담근 거다. 맛이 좋은지 어떤지 자세히 말해 주면 앞으로도 계속 보낼지 말지 결정하겠다.

글씨 한 글자 한 글자에서 배어 나오는 서운함과 짜증이 어쩌면 이리도 선명할까. 사실 누구라도 정성스럽게 만든 고추장이 무시당한다면 매우 서운했을 것이다. 한때의 재담꾼이자 날카로운 풍자로 세상을 비웃었던 박지원이지만, 그도 자식들 앞에서는 짜증 많고 잔소리 많은 아버지에 불과했다. 이제 예순이 다 된 노인이 장독대 앞에 쪼그리고 앉아 고추장을 담는 모습을 상상해 보면 어쩔 수 없이 웃음이 나온다.

그렇지만 문득 궁금하다. 오랫동안 요리를 해 온 사람에게도 장을 담그는 것은 어려운 일이다. 그렇다면 요리 초보일 게 분명한 박지원의 고추장은 과연 맛이 있었을까? 필자는 여기에 몹시도 부정적이다. 어쩌면 아들들이 굳이 고추장을 잘 받았단 이야기를 편지에 쓰지 않은 까닭은, 그랬다간 아버지가 맛도 없는 고추장을 잔뜩 부쳐 올 것 같아서가 아니었을까?

연암 박지원의 장 사랑과 잔소리는 이후로도 쭉 이어졌으니, 큰아들에게 다른 편지에서 '장 담그는 건 네 누이, 며느리와 의논해서 해라'라고 말을 한 것으로도 확인할 수 있다. 비록 집안일을 단속할 부인이 없다고 해도, 이런 일에 직접 참견한다는 건 역시 보통 일이 아니다. 그만큼 장맛이 안 좋아질 것을 걱정해서가 아니었겠는가.

그다음 구절이 조금 지워져서 분명하게는 알 수 없지만 '만약 ······ 하다면 빚을 내서 담아도 상관없다'라는 말이 있다. 대체 무슨 말일까? 아무래도 맛있는 장을 만들려면 앞서 소개한 《산림경제》에서처럼 새우 등 귀한 재료를 넣어야 하는 법이고, 《수문사설》에서도 고추장에 전복, 새우, 홍합, 생강을 넣었다. 이 재료들은 무척 값나가는 물건이었을 것이니, 박지원은 맛있는 장을 만들려면 빚을 내도 상관없다는 마음이 아니었을까. 그렇게 만들어졌을 장의 맛이 어떠했을지 정말 궁금해진다.

임금님이 좋아하는 고추장

한때 어떤 고추장 광고에 '임금님에게 진상한!'이라는 카피 문구와 사진이 들어간 적이 있었다. 그것이 결코 과장이 아닌 것이, 조선 시대 임금님들도 고추장을 즐겨 먹었다.

영조 44년(1768), 영조는 74세의 노인이었다. 요즈음 기준으로 봐도 이미 각종 대중교통을 무료로 이용할 수 있는 연령인데, 그 까마득한 옛날에는 어떻겠는가. 그래서 영조는 여기저기가 아프고 무엇보다 식욕 부진에 시달린 모양이었다. 그러다가 어의들이 진찰하면서 요 근래 입맛을 묻자, 영조는 자신이 좋아하는 음식들을 나열했다. 그것이 송이버섯, 생복生鰒, 아치兒雉 그리고 고초장이다.

먼저 송이. 요즘이야 새송이버섯이라는 값싸고 어여쁘게 팩으로 포장된 것들을 마트에서 팔지만, 그 시대에 그런 게 있을 턱이 없으니 죄다 자연산 송이버섯이었을 것이다. 바로 명절 때 커다란 선물 세트에서나 볼 수 있는 매우 귀하신 몸들 말이다.

생복은 활전복이다. 냉동고도, 자동차도 없었을 그 옛날, 살아 있는 전복을 바다에서 캐서 한성까지 가져오기란 얼마나 힘들었을까.《음식 디미방》에는 생전복을 참기름에 담가 두면 변하지 않고 오래 간다는 이야기가 있는데, 공기와의 노출을 막아 부패를 막는 방법이니 꽤 쓸모가 있었을 것 같다. 영조가 먹은 전복도 이렇게 운반하지 않았을까.

아치는 어린 꿩이다. '꿩 대신 닭'이라는 속담이 말하는 것처럼 조선 시대에 꿩은 닭보다 더 훌륭한 식재료였다. 다만 닭처럼 키우기가 쉽지 않으니 먹기 쉬운 음식이 아니었고, 그중에서도 어린 것이라면 더욱 그렇다.

이렇게 놓고 보면 역시나 임금님의 밥상답다. 과연 이걸 앞에 두고도 입맛이 없는 사람이 있을까 싶을 정도로 진미들이며, 그렇기에 이 자리에 당당하게 낀 고추장이 더더욱 빛난다. 아마도 영조는 송이버섯과 전복, 꿩고기 등 진미를 고추장에 찍어 먹은 건 아니었을까. 아니면 밥에 비벼 먹었던가. 영조는 이 반찬들만 있다면 밥이 잘 넘어간다며, 아직 입맛마저 늙은 건 아니라고 했다. 젊어서는 쇠도 철근같이 씹어 먹었을 젊은이였을 텐데, 이젠 나이가 들어 씹기 부드러운 음식들을 찾고 매운 고추장에서 맛을 느끼는 것을 보니 어쩐지 마음 한쪽이 짠해지는 것도 어쩔 수 없다.

그런데 영조의 손자인 정조는 이런 할아버지의 입맛이 거북했을 듯하다. 정조는 창창하던 20대부터 심각한 소화 불량과 체기, 구역질에 시달렸고, 밥을 못 먹는 날도 허다했다. 그 불같은 성질과 사방에서 쏟아지는 스트레스를 생각하면 당연하다면 당연하겠지만.

그래서 홍국영을 비롯한 신하들은 매번 정조가 얼마나 밥을 먹는지, 잘 먹었는지를 묻고 또 물었으며, 곧잘 죽을 올렸다. 하지만 정조는 그나마도 잘 먹지 못했다. 속이 그런데 어떻게 고추장 같은 자극적인 음식을 먹을 수 있었겠는가. 그런 의미에서 정조는 박지원의 자식이 아니라서 참으로 다행이었다.

하지만 할아버지 살아계실 적에는 꽤나 고생했을지도 모르겠다. 물론 아무리 할아버지요, 손자 사이라 해도 두 사람은 임금과 신하(세손)의 위치였다. 겸상하는 때가 흔하진 않겠지만, 할아버지가 맛있는 것을 주겠다며 고추장을 듬뿍 묻힌 송이버섯이나 전복, 꿩을 집어 들고 손자에게 입을 '아' 벌리라고 한다면? 습관성 위장병의 정조는 절로 위가 아파 오지 않았겠는가.

참외

조선의 패스트푸드

여름에 접어들 무렵, 노란 참외들이 동네 청과 매장에 차곡차곡 쌓여 있는 광경은 우리에게 익숙하고 흔해서 그리 특별할 것이 없다. 하지만 우리나라 말고 참외를 먹는 나라가 있던가? 일본에는 한때 참외(마쿠와우리)가 있었다고는 하지만, 이제 멜론에게 떠밀려 잊힌 과일이 되었고, 오히려 한국의 참외가 '챠메チャメ'라는 이름으로 수입되는 상황이다. 중국에는 참외 말고도 너무 많은 과일이 있다. 그러므로 참외를 삶의 일부처럼 즐겨 먹어 온 나라는 우리나라뿐이고, 이건 조선 사람들도 마찬가지였다.

이제까지 내내 요리를 말하다가 갑자기 참외 이야기가 나오니 황당하게 느껴질 수도 있겠지만, 조선 사람들의 식생활에서 참외의 비중은 결코 작지 않았다. 생각해 보라. 참외는 특별하게 준비할 것도 없고 요리할 것도 없다. 밭에서 뚝 따와 칼로 껍질을 슥슥 벗겨서, 와작와작 씹어 먹으면 그만이다.

이렇게 간단하고 단순하며, 무엇보다 맛이 좋았기에 조선 사람들이 무척 좋아했다. 그리하여 웬만하면 부엌에는 얼씬도 하지 않았던 조선 남자들이 친히 깎아 먹었던 과일이며, 심지어 밥 대신 먹기도 했던 옛날의 패스트푸드였다.

과연 우리는 언제부터 참외를 먹기 시작했을까. 중국에서는 아주 먼 옛날, 춘추전국 시절부터 외瓜가 제사 품목에 들어가기도 했는데,

| 우리 조상들은 예로부터 참외를 즐겨 먹었고, 그랬기에 참외 모양의 다양한 음식기도 만들었다. (국립 중앙박물관)

과연 이게 우리가 지금 먹는 참외와 같은 것인지는 분명하지 않다.

한편 옛 중국인들이 고려의 재미있는 특징들을 적었던 책 《고려도경高麗圖經》을 보면, 고려의 참외가 작고 맛이 없다는 기록이 있다. 물론 중국인의 입맛 기준에서 그랬던 것이지만, 구한말의 일본 사람들도 (그들 기준에서) 딱딱하고 맛없는 참외를 먹는 조선 사람들을 매우 신기하게 여겼다. 구한말 일본인이 남긴 기록에 이런 면모가 여실하게 드러난다. 1909년 일한서방日韓書房에서 발간된 《조선만화朝鮮漫畵》에 따르면, 조선 사람들은 참외를 많이 먹고, 여름 한철 참외 파는 장수가 곳곳을 돌아다니며 참외를 팔고, 밥 대신 참외를 먹는 사람들도 많다고 적고 있다. 어느 정도냐면 길을 가면서도 먹고, 쭈그리고 앉아서도 먹는다고 했다.

> 일본 사람들은 8월에 참외를 하나만 먹어도 즉시 병원에 가겠지만,
> 조선인은 아무리 참외를 먹어도 병원에 갔다는 소리를 듣지 못했다.

이처럼 일본 사람들은 참외를 즐겨 먹는 조선인을 신기해했다. 왜 저렇게 덜 달고 딱딱한 과일을 좋아할까? 지금도 일본에서는 참외보다 훨씬 달고 부드러운 멜론이 사랑받는데, 정작 조선 사람들은 물러지면 안 된다며 일부러 덜 익은 참외를 팔았다 하고, 확실히 필자로서도 물렁물렁한 참외는 상상할 수조차 없으니 옛날 사람이나 지금 사람이나 참외 먹는 입맛은 변함없는 모양이다.

조선 사람들은 참외가 신진대사를 돕는다고 했다는데, 아무리 그래

도 한 번에 스무 개까지 먹었다니 엄청나게도 많이 먹어 댄 것이다.

이렇듯 조선 사람에게 참외가 사랑받은 이유는 간단하다. 키우기 쉽고, 껍질만 벗기면 먹을 수 있으며, 값도 쌌다. 《산림경제》조차 참외를 어떻게 심고 키우는지 이야기하고, 몰락한 양반들이 참외를 심어 키웠던 것도 그 이유 때문이리라. 하지만 그것 말고도 또 하나의 중요한 이유가 있으니, 바로 맛있어서가 아니겠는가. 일본이나 중국에서 뭐라 하건 내 입맛에만 맛있으면 된다.

외들의 왕,
참외

옛사람들은 참외를 어떻게 표기했을까? 보통 진과眞瓜라고 썼는데, 참외라는 말을 그대로 한자로 옮긴 것이다. 그런데 여기서 과를 고苽로 쓰기도 했고, 과果로 쓰기도 했다. 아예 '맛이 달콤한 외'라는 뜻으로 첨과甜瓜라고도 했다. 노르스름한 빛깔 때문인지 황과黃瓜라고도 했는데, 공교롭게도 오이를 부르는 다른 이름이 황과였다. 그냥 외瓜라고 부르기도 했는데, 그러다 보니 외와 혼동되기도 하는 오이는 1500년 전에 우리나라에 전래된 채소로, 《제민요술》, 《해동역사》 등의 문헌에 등장한다. (신사임당, 〈초충도〉, 국립중앙박물관)

가끔 오이와 혼동되기도 했다. 하여간 정말 제멋대로 불렀다는 소리다. 이것 밀고도 일본에서 장아찌로 만들곤 하는 울외도 외의 종류이고, 오이도 잊어서는 안 된다. 이렇게 오락가락하는 수많은 외들 속에서도 참외의 아성은 매우 확고했으니, 가장 달콤하며 시원했기 때문이다. 조선 사람들은 그렇기에 이 과일을 외의 제왕 자리에 올려 '참 진' 자를 더해 참외라고 불렀다.

오이는 우리나라에 1,500년 전에 전파된 것으로 추정된다. 문헌상으로《제민요술》에 오이가 처음으로 나온다. 여기서 '호과胡瓜를 거두자면 빛깔을 보고 누렇게 익으면 딴다'라고 하였다.《해동역사》에는 고려의 황과(黃瓜, 오이)가 둥글다고 하였다.

여름은 참외의 계절. 일본 사람이 조선의 참외 장수를 기록했던 것처럼, 여름날 시장에서 참외를 쌓아 놓고 파는 것만은 아주 먼 옛날부터 변함이 없었다.

고려 말 너무나 더운 여름날, 사람들이 개경의 남대문 거리에 판을 벌여 놓고 오가는 사람들에게 참외를 대접하며 음악을 연주하고 있었다. 무슨 일일까? 잔치가 있었던 걸까? 어떤 것이든 먹는 걸 좋아하는 사람들에게 참으로 좋은 일이었다. 아내는 그 이야길 듣고 매우 신이 나서 서둘러 식사 준비를 하며 어린 종에게 참외를 꼭 가져오라고 심부름을 시켰다. 후식으로 먹으려던 것일까?

이렇게 바쁘게 식사 준비를 하는 와중, 참외를 기다리며 두근거리는 마음을 길고 긴 시로 지은 사람이 있으니 바로 고려 시대 '맛의 사냥꾼' 목은 이색이었다.

더운 기운 큰 화로가 천지 사방을 푹푹 찌는데

暑氣洪爐蒸六合

길 위의 많은 사람들이 땀을 잔뜩 흘리다가

行路汗流方雜沓

백설 같은 음료를 시원하게 한번 들이켜니

爽然一吸白雪漿

뱃속이 갑자기 맑아지고 바람이 살살 이는구나.

五內頓淸風颯颯

(찬 물에) 담근 참외는 벽옥처럼 상쾌해

瓜果浮沈碧玉涼

눈으로 보니 이미 얼음이 창자에 밀려드는 듯하구나.

目視已似氷堆腸

떠들썩한 피리와 비파를 또 연주하니

繁絃急管又迭奏

오가는 사람들은 가득한 음악에 귀를 기울인다.

過者傾耳方洋洋

석양 무렵 종아이가 와서 그 사실 아뢰자

蠻童走報日欲昃

아내는 그 말 듣고 기쁜 기색이 만면하여

孟光聞之喜形色

곳간에서 쌀을 꺼내 쿵쿵 찧어 밥을 짓고

出米于廩擣以烹

시장에 가서 참외를 꼭 얻어 오라고 말하네.

買瓜于市戒必得

굶주림과 더위를 없앰은 착한 사람이 맘에 둔 바이지만

除飢解熱仁者心

곤경에서 구제된 이는 깊이 감격하리.

在困遇救感也深

우리네 풍속에 이러한 행사가 있기에

所以我俗有此擧

태평성대가 그대로 지금까지 전해 온다네.

仁壽不死傳至今

이색은 맛난 것이라면 모조리 찾아다니며 먹었을 만큼 맛을 즐기는 사람이었지만, 여름날 시원하게 먹는 참외의 맛은 더욱 각별했던 모양이다. 그의 시는 정말 여름을 즐기고 맛있는 것을 바라는 사람의 즐거움으로 가득해서 함께 따라가 참외를 얻어먹고 싶은 마음마저 든다. 과연 무슨 일이 있었기에 참외와 음악을 마련했을까? 이색의 시에서는 풍속에 이런 행사가 있다고만 되어 있는데, 아마도 단옷날이 아니었을까. 날이 차츰 더워지고 참외도 익을 시기가 단오 즈음이니 말이다.

물론 여기에서 참외라고 번역한 글자는 과瓜로, 본래는 오이를 뜻하는 말이다. 하지만 시의 내용을 돌아볼작시면, 더운 여름에 먹으며 기운과 흥이 나려면 오이보다는 역시 참외가 아니겠는가. 물론 오이도 시원한 맛이 있지만, 여름에 맛있게 먹으려면 역시 참외가 최고다. 훨씬 후대의 《옥담시집》에서 이응희는 참외의 맛을 시로 읊었으니, 진실로 먹는 즐거움의 지극함을 보여 주고 있다.

참외란 그 이름 뜻이 있으니

名眞意有在

그 이치를 내가 궁구할 수 있네.

其理我能窮

몸통이 짧으면 당종이라 일컫고

短體稱唐種

몸통이 길면 수통이라 부르지.

長身號水筒

속을 가르면 금빛 씨 흩어지고

刳分金子散

쪼개서 먹으면 꿀처럼 달아라.

條折蜜肌濃

품격이 온통 이와 같으니

品格渾如此

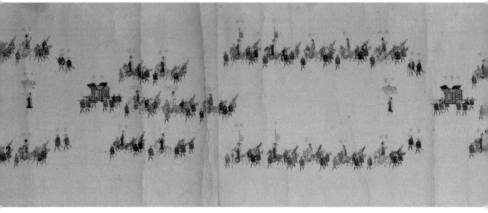

서과란 말과 뜻이 같으리.

西瓜語必同

여기서 말하는 당종과 수통은 모두 참외의 사투리였다. 하지만 무엇이라 부르든 참외는 참외. 게다가 갈라서 나오는 노란 씨나 달콤한 맛이라는 묘사를 보면 이것은 진실로 우리가 먹는 참외였다. 마지막 줄에서 말하는 서과는 수박을 이르는 말이었는데, 어느 쪽이나 여름의 과일이었다.

이렇듯 많은 사람들이 좋아하다 보니 참외는 곧잘 선물로 이용되기도 했다. 《농암집農巖集》을 비롯하여 여러 문집에서는 많은 양반들이 참외를 선물로 받고 즐거워하며 쓴 시들을 발견할 수 있다.

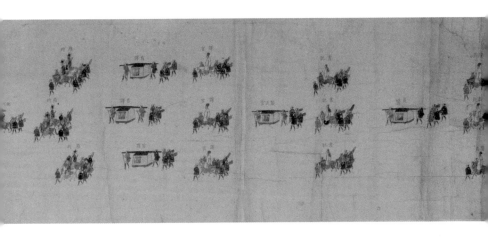

요사이 술 생각이 간절하던 차에

邇來頗憶酒

이제야 참외안주 맛을 보누나.

此日始嘗瓜

_ 김창협, 《농암집》

　홍대용도 놀러 온 친구에게 참외를 대접했고, 목은 이색도 참외를
선물 받고 기뻐서 지은 시가 있었다.

　이렇듯 조선 사람들이 참외 좋아하는 건 외국에서도 매우 유명해서,
일본으로 간 조선통신사들이 가장 많이 받은 선물이 바로 참외였다.
받고 또 받다 보니 끝이 없어서 마침내는 그만하면 되었다고 거절할
정도였다.

그 외에도 가족끼리 참외를 주고받는 일도 흔했으니,《하재일기》의
지규식은 처가에서 참외 60개를 선물로 받기도 했다. 그때 과연 이 많
은 참외를 어떻게 했을까 궁금하다. 정약용은《목민심서牧民心書》〈호전
戸典〉에서 배가 고프면 떡이나 엿을 사 먹고, 목이 마르면 술이나 참외
를 사 먹는다는 말을 했다. 그만큼 참외 먹기는 조선 사람들의 일상이
었다.

정약용의
참외 농사 분투기

조선 사람들은 참외를 먹기만 한 것이 아니라 키우기도 했다.《허백
당시집虛白堂詩集》의 〈전가사〉에서는 7월의 풍경을 시로 그리면서 참외
이야기를 하고 있다.

비가 내려 무더위가 한풀 사라지니
積雨初收失炎暑
매미가 청량한 가을 소리로 우는구나.
鳴蜩又作涼秋語
동쪽 울타리에서 벽옥 같은 참외를 따와 쪼개고
東籬碧玉割甘瓜
작은 옹기엔 새로 만든 기장술이 향기롭구나.

小甕淸香釀新黍

이렇게 사랑을 받아 온 참외이다 보니 농촌, 혹은 텃밭에서 참외를 키우는 것이 흔한 풍경이었다. 그리고 많은 사람들이 언젠가 복잡한 세상일에서 은퇴해서 참외 농사를 짓고 살겠다는 꿈을 꾸곤 했다. 여기에도 나름 역사적인 내력이 있다.

먼 옛날 중국에 소평邵平이라는 사람이 있었는데, 그는 진나라에서 동릉후라는 꽤 높은 자리를 누리고 있었다. 그런데 진나라가 망한 뒤, 다시 출세하려는 생각을 버리고 참외를 키우며 살았다. 이게 또 맛이 좋아 동릉과東陵瓜라는 참외의 명품이 되었다던가. 이런 그의 일화는 복잡한 세상사를 버리고 시골에 묻혀 살고 싶은 선비들에게 영감을 주곤 했다. 언젠가 나도 동릉후처럼 시골에 내려가 참외 농사를 짓고 살겠다! 요즘 사람들이 자주 하는 말과 크게 다를 바가 없다. 물론 말만 하되 실천으로 옮기는 사람은 그다지 많지 않았지만, 그걸 매우 원하여 결국 실천에 옮긴 사람이 하나 있다. 바로 다산 정약용이었다.

정약용은 〈득신과서회得新瓜書懷〉라는 시에서 자신의 오랜 꿈인 참외 농장 경영을 이야기했다. 그는 참외를 심고 가꾸어 쑥쑥 자라면 그걸 따서 사발에 그득하게 담아 두고 흐뭇해 하고 싶었던 모양이다. 그래서 그걸 한번 해 보려고 8, 9년 열심히 일해 과수원부터 마련하고자 했다. 먼저 동쪽에 쓸 만한 땅을 봐 두고 괭이나 가래를 하나둘 장만하고, 아내와 아이늘에게 여름이 되면 참외를 키울 거라는 소박한 꿈을 늘 말했다.

하지만 그 꿈을 실현하기도 전에 정조가 세상을 떠났고, 정약용은 머나먼 시골로 귀양 가는 신세가 되었다. 사랑하는 가족괴도 떨어져 어느 때보다도 힘들고 가난한 시기를 지냈지만, 그러면서도 참외 농사를 짓겠다는 꿈을 버리지는 못했다.

그렇게 정약용이 울적해 하고 있던 찰나. 그 마음을 알았는지 어땠는지 귀양지의 집 주인이 햇참외를 시장에서 사들고 와서 정약용에게도 나눠 주었다. 맛난 것을 받았으니 기뻐야 하는데 정약용은 더욱 슬퍼졌다. 금싸라기 같은 참외를 만져 봐야 마음이 불편하고, 쪼개 놓은 참외를 보더라도 식욕이 돌기는커녕 오히려 안 먹고 싶은 심정이라고 토로한 것이다.

궁한 선비가 침 흘리면 그게 바로 도철(식충)이지.
草野流涎是饕餮
오죽잖은 외 심는 즐거움 하나도 내게는 안 주고
區區種瓜之樂不余畀
하급 관리나 시키다니 그 아니 너무한가.
刀筆小吏無乃拙

정약용이 어디 참외가 먹기 싫어서 이리 말했을까. 그저 지금 자신

정약용은 자신만의 참외밭을 가꾸기 위해 몇 년간 노력하여 참외 농사를 지었지만, 결과는 그리 신통치 않았다.

의 처지가 서러워서 그런 것이리라. 때는 마침 귀양을 떠난 지 얼마 안된 시절, 두 달 만에 받아 본 가족들의 편지에 기뻐하면서도 슬퍼하고, 그리워하고, 아이들이 고사리손으로 따다 아빠에게 보내 준 밤 한 주먹에 울컥해서 차마 먹지도 못했던 정약용이었다. 그러니 참외를 보니 더욱 서글펐으리라.

참외를 보고 못내 서러워했던 정약용은 몇 년 뒤 마침내 그만의 참외밭을 가꾸게 된다. 장기를 떠나 강진으로 다시 유배된 그는 외갓집인 해남 윤씨 덕분에 이전보다는 그나마 편안하게 지내게 되었다. 특히 산책길에 우연히 잡초가 무성한 땅을 보고 손수 칼로 베어 내고 삽으로 뿌리를 캐내고 돌을 쌓아 꽤나 근사한 채마밭을 만들었다. 완성하는 데 봄 한 계절을 몽땅 들여야 했을 만큼 대단한 공사였는데, 물론 본인이 다 한 것은 아니고 친척인 문거 형제를 비롯해 동네 아이들까지 많은 사람들이 도와주었다. 왜냐하면 정약용은 이론에 정통했을 뿐 정말로 만들려면 손재주 있고 힘쓰는 사람이 필요하기 때문이었다. 일하는 사람이 다치기도 하는 등 우여곡절 끝에 가까스로 밭은 완성되었다. 평생을 서생으로 살아온 정약용은 크게 도움은 안 되었겠지만, 그 자신은 무척 보람찼는지 '나도 도왔다' 하고 적었으니, 역시 그답다고 해야 할까. 양반은 몸 쓰지 않는 걸 미덕으로 여기던 시기, 막일을 하고도 뿌듯해 했으니 말이다.

그렇게 완성된 채마밭을 보고 아는 사람들이 모두 잘 만들어졌다고 말해 주었다. 뿌듯하고도 신이 난 정약용은 무려 80운에 달하는 장편의 시를 짓기까지 했다. 그리고 그 밭에 상추, 가지, 토란, 부추 등 갖은 채소를 욕심껏 심었으며, 또한 참외도 심었다. 오래 꿈꿔 왔던 참외밭이었다.

《산림경제》〈치포治圃〉 편을 보면, 참외 농사를 짓는 법이 실려 있다. 3월에 참외씨를 소금물로 씻고, 이걸 따듯하게 뒀다가 땅에 심는데, 특이하게도 씨를 씻었던 소금물로 땅을 축여 준다. 그리고 참외가 자라나면 순이 뻗길 기다려 덩굴 심을 따 버리고 마른 흙으로 뿌리를 덮어 이것 말고도 참외가 잘 안 익을 때 생선 머리뼈를 참외에 박아 두면 금방 익는다는 설명도 있다. 과연 가능한 일일까? 오히려 상처 때문에 열매가 썩어 버리진 않았을까.

주라고 되어 있다. 줄기가 너무 길게 자라나면 열매가 튼실하지 못하게 되니 덩굴치기를 하라는 말이리라.*

아무튼 이론에는 빠삭한 정약용이니 아는 대로, 또 주변 농부들한테 물어 가며 열심히 농사를 지었을 것이다. 하지만 현실은 언제나 잔인한 법이었다. 수많은 연구를 한 대학자라고 해도 엄연한 초보 농사꾼이 처음부터 제대로 농사를 짓기란 어려웠다. 그런데 그런 걸 감안해도 처참한 결과가 나왔던 모양이다.

네댓 개 달린 외가 하나는 떨어지고
苽生四五一苽隕
두 개는 벌레 먹어 배꼽이 절반 나갔는데
二苽蟲蝕臍半缺
농부가 와 보더니만 못내 언짢아하니
圃翁至圃見苽悲
(……)
마음 다해 가꾸어도 보람이 전혀 없어
勤心培壅了無功
그것만 생각하면 창자가 끊어진다오.
使人念此腸斷絶

정성껏 농사를 지었건만, 정약용의 참외는 고작 네댓 개 열렸다. 그나마 하나는 설익은 채 떨어졌고, 두 개는 벌레가 먹어 버렸다. 그렇다면 남아 있는 참외는 단 두 개뿐. 자식처럼 정성스럽게 키운 참외가 그 꼴이 되자 너무나도 속상한 나머지 정약용은 창자가 끊어지는 것 같다고 표현했다. 얼마나 슬펐으면 그랬을까. 무엇보다 자신이 좋아하는 참외 농사 성적이 이렇게 비참해서 우울했던 모양이다.

식충이는 참외를 꿀처럼 좋아해서
饞夫嗜苽如嗜蜜
밭에 남은 참외를 보면 속이 타서 못 견디지요.
圃有餘瓜五情熱
높은 하늘은 땅을 가리지 않고 비를 내려 주지만
上天雨露不擇地
땅이 원래 척박하고 부족해서 그러하니 속상합니다.
自傷地力原薄劣

그래도 정약용은 남은 참외 두 개를 정성스럽게 키웠다. 비바람을 맞지 않게 버드나무로 울타리도 만들고, 소나무로 막도 짓고, 서리꾼이 드나들지 않게 잘 지켰다. 그렇게 정성스럽게 얻은 참외를 따다가 신령들도 맛보라고 사당에 바쳤으니, 참으로 감개무량했던 모양이다. 심지어 이렇게 지은 시를 또 흑산도의 형님에게 보내기까지 했다. 처음 해 본 농사일에 매우 뿌듯하고 자랑스러웠던 것 같다.

이후 친구 윤서유尹書有가 매실과 죽순을 보내 주자, 정약용이 고마

움을 담아 새로 난 외를 따서 답례로 보내 주기도 했다. 이때의 외瓜가 참외인지 오이인지는 분명하지 않지만, 이즈음의 정약용은 남에게 선물할 수 있을 만큼 농사를 그럭저럭 잘 짓게 된 게 아닐까. 실제로도 그는 두 아들들에게 채소 농사짓는 방법을 친히 가르쳐 주기도 했다.

채소밭을 가꾸는 요령은 이렇다. 지극히 평평하고 반듯하게 해야 하며, 흙을 다룰 때에는 잘게 부수고 깊게 파서 분가루처럼 부드럽게 해야 한다. 씨를 뿌릴 때는 지극히 고르게 하여야 하며, 모는 아주 드물게 세워야 하는 법이니, 이와 같이 하면 된다. 아욱 한 이랑, 배추 한 이랑, 무 한 이랑씩을 심고, 가지나 고추도 나눠서 심어야 한다. 그렇지만 마늘이나 파를 심는 데에 가장 주력하여야 하며, 미나리도 심을 만하다. 한여름 농사로는 참외瓜*만 한 것이 없다. 비용을 절약하고 농사에 힘쓰면서 겸하여 아름다운 이름까지 얻는 것이 바로 이 일이다.

한때 농사를 망쳐 농부의 눈총까지 받았던 그가 이렇게 남에게 가르쳐 주는 것을 보면 어쩐지 개구리가 올챙이 시절을 잊은 듯해서 조금은 웃음이 나오지만, 그만큼 여러 번 농사를 짓다 보니 경험이 쌓여 자신이 붙었을 테다. 그럼 농사도 잘 짓고 참외도 많이 먹을 수 있었을 것이니 참 다행한 일이었다.

농사를 짓다 보면 또 하나 조심해야 하는 것은 참외 도둑이었다. 때때로 서리라는 말로 귀엽게 포장하기는 하지만, 사실 엄연한 도둑이었고 힘들게 농사지은 사람에게는 전혀 반갑지 않은 손님이었다. 그래서 속담이 있지 않은가. 외밭에서는 신발을 고쳐 신지 말라고. 이 속담은 무려 조선 중기의 서거정이 말할 정도로 유서 깊은(?) 것이었다. 참외는 덩굴에서 열매를 맺다 보니 바닥에 깔려서 자라기 마련인데, 신발을 신다 보면 몸을 수그리고 손이 바닥에 가게 되니, 남의 참외 따는 걸로 보여 오해받기 십상이었던 것이다.

아무튼 참외 도둑은 일상적으로 있었고, 앞서 말한 대로 초보 농사꾼인 정약용도 그 점을 몹시 속상해했다. 물론 사람만 참외 도둑인 게 아니라서 염소, 소도 걱정했지만.

그보다 훨씬 앞선 시대를 살았던 목은 이색도 시대를 한탄하면서 '차라리 거친 밥을 먹고 나물을 씹을지언정, 어떻게 담을 넘어 참외 서리를 하겠나!' 하고 시를 지었다. 분명 먹는 걸 좋아했던 그였지만, 맛난 것 먹겠다며 남의 것을 도둑질하는 것은 정말 큰 잘못이라고 생각한 것이다.

참외를 맛있게
먹는 법

간신히 농사를 짓기 시작한 초보 농사꾼 정약용에게 꿈이 있었으니, 어렵게 기른 참외를 잘 보존해 겨울을 나겠다는 것이었다. 어떻게 하겠다는 것일까? 시원한 냇물이나 우물에 채워 두는 방법은 잠깐이라면 모르지만 너무 오래 두면 참외가 상한다. 냉장고도 없던 그 옛날, 어떻게 참외를 겨울까지 보존하겠는가. 더구나 아무리 성능 좋은 냉장고라고 해도 몇 달씩이나 버티진 못한다! 하물며 냉장고도 없는 옛 사람들은 거의 불가능했겠지만, 그럼에도 겨울에도 참외를 먹고 싶다는 열망은 강렬했던 모양이다. 그래서인지 《산림경제》, 《부인필지婦人必知》, 《박해통고博海通攷》 등의 책에서는 참외를 오래도록 신선하게 보존하는 방법을 적고 있는데, 그 방법이 거의 비슷하여 재미있다.

> 납설수臘雪水를 담은 항아리에 청동가루와 참외를 넣어서 보관하면 참외의 색깔이 변하지 않고 싱싱하다.

여기에서 말하는 납설수란, 동지섣달의 눈을 녹인 물이다. 조선 사람들은 늦게라도 신선한 참외를 먹고자 동짓날 눈을 모아 곱게 보존했으리라. 추운 겨울에 힘들게 눈을 모으면서도 나중에 맛있게 먹을 참외를 생각하며 즐거워하지 않았을까.

그러나 동짓날이건 설날이건 물은 같은 물이요, 물의 분자 구조가 달라지는 일도 없으니 큰 도움은 안 되었으리라. 또한 청동가루가 과일의 보존에 어떤 역할을 하는지도 불명확하다.

어쨌든 신선한 참외의 보존은 조선 사람들에게는 이루어지지 못할 꿈이면서도 계속해서 바라 왔던 일이었다. 그러니 찬양하라 냉장고! 현대 기계문명의 발전이여! 다만 아무리 잘 보존해도 과일인 이상 한계는 있었고 그래서 《동국이상국집》에는 '한겨울의 참외'라는 시구가 있을 정도였다.

기이한 음식 마치 겨울철에 나온 참외 같은데

異饍皆如冬設苽

따지고 본다면 참외 말고도 모든 과일들이 겨울에 귀하긴 했다. 어차피 있는 그대로의 참외를 신선한 상태로 오래 보존하는 것은 불가능에 가까웠다.

그래서 대안으로 등장한 것이 참외장아찌이다. 지금은 그렇게 흔한 요리가 아니지만, 어린 시절에 먹어 본 사람도 있을 것이다. 참외 껍질을 벗기고 통째로 된장에 박아 숙성시켜서 만든 장아찌이다. 참외 말고도 오이나 더덕, 송이, 가지, 마늘줄기도 같은 방법으로 장아찌로 만들 수 있다는 게 《조선요리제법》에 실려 있다.

그런데 조선 시대에는 요즘의 레시피보다 좀 더 본격적으로 복잡하고도 신기하게 담갔다. 《임원십육지》에서는 참외장아찌를 만들 때 우선 덜 익은 참외를 대나무 꼬챙이에 꿰고, 참외를 소금에 버무려 절인

당시 장아찌를 만드는 방법은 현대까지 이어져 오늘날에도 수많은 장아찌를 만들어 먹고 있다.

뒤 간장을 뿌려 햇볕에 말린다. 꾸덕꾸덕 마르면 참외 겉과 속을 뒤집어 다시 말려서 항아리에 넣어 저장해 둔다고 되어 있다. 참외에 간장을 뿌려서 말린 것이니 과연 어떤 맛일까?

　그래도 이런 요리는 참외탕보다는 훨씬 나아 보인다. 참외탕은《이조궁정요리통고》에 실려 있는 요리로, 궁중에서 먹었을 것 같다. 과연 쇠고기와 참외를 함께 끓인 탕이란 어떤 음식일지 먹어 볼 엄두가 나지 않는다.

1. 납작하게 썬 쇠고기를 간장과 참기름, 후추, 마늘로 양념한다.

2. 쌀뜨물에 토상(된장)과 고추장을 풀고 쇠고기와 파를 넣고 끓인다.

3. 껍질을 벗기고 속을 빼낸 참외를 도톰하게 저며서 국에 넣고 끓인다.

4. 마지막으로 국이 펄펄 끓을 때 계란 푼 것으로 줄알을 친다.

레시피를 살펴보면 역시 어떤 것일지 궁금하지만, 역시 먹을 용기가 나지 않는다.

참외를 보존하는 데에는 이렇듯 여러 가지 방법이 있었지만, 역시 가장 좋은 것은 신선하고 맛있을 때 모조리 먹어 버리는 것이다! 실제로도 조선인들은 참외를 엄청나게 먹었으니, 앞서 소개한 《조선만화》에서는 '조선 사람들은 참외를 밥 대신 먹는다!'라고 경악하며 참외 철이 되면 쌀집의 매상이 70퍼센트나 떨어진다고 했다. 따지고 보면 참외는 딱딱해서 씹을 것도 많고, 하나를 통째로 먹는다면 어느 정도 배가 찰 법도 하다. 그리고 조선 사람들은 매번 참외를 한 개만 먹는 절제의 미덕을 발휘하진 않았다.

게다가 그냥 참외를 먹는 것만으로는 부족했는지 참외 빨리 먹기 내기를 벌이기도 했다. 규칙은 간단하여, 여러 사람들이 모여 앉아 참외를 잔뜩 쌓아 두고 누가 가장 빨리 먹나 시합을 했다. 당연히 가장 많이

먹은 사람이 이기는 것으로, 진 사람이 참외 값을 몽땅 내야 했다. 소박
하지만 어떻게 보면 참 무식한 놀이로,《조선민화》의 저자는 이 내기를
두고 '대단한 폭식이다!'라며 경악하기도 했다.

　이런 놀이는 신분은 물론이거니와 지성의 유무와는 별개로 벌어졌
다. 조선 정조 때, 당대 최고의 지성이자 신분제도의 한계에 막혀 울분
에 찬 지식인이었을 것 같은 백탑파 시인들이 모여 함께 놀면서 참외
먹기 내기를 했으니 말이다.

　때는 칠석, 더운 여름날이었다. 이덕무를 비롯하여 서명균, 유금, 유
곤, 유득공, 윤가기, 박제가가 삼청동 정자에 모여 즐겁게 놀고 있었다.
이덕무는 늘 그랬듯이 조용히 앉아 떠가는 구름도 구경하고, 시도 짓
고, 매미 소리를 들으며 난간에 앉아 흥취에 젖어들었다.

> 석양의 회화나무에 매미 한 마리
>
> 一蟬涼槐多
>
> 시원스레 일곱 시인 모였도다.
>
> 脩然作者七
>
> 아래 가게에서는 참외 먹기 내기를 하고
>
> 下舍鬪靑瓜
>
> 위 단에서는 활 잡고 겨냥을 한다.
>
> 上壇抨漆弓
>
> 중간 정각엔 하는 일 없으니

그냥 참외를 먹는 것만으로는 부족했는지
조선 사람들은 참외 빨리 먹기 내기를
벌이기도 했다. 규칙은 간단했다.
여러 사람들이 모여 앉아 참외를 잔뜩 쌓아 두고
누가 가장 빨리 먹나 시합을 한 것이다.
당연히 가장 많이 먹은 사람이 이기는 것으로
진 사람이 참외 값을 몽땅 내야 했다.

| 이덕무는 참외 먹을 때의 예절을 말하면서 수박에 대해서도 이야기하고 있으니, 당시 사람들이 자주 먹었던 채소에 수박도 있을 것이다. (신사임당, 〈초충도〉, 국립중앙박물관)

中閣無所事

일은 각기 달라도 지경은 같아.

事殊境却同

　활쏘기는 선비들의 기본 교양이었으니 그러려니 하
겠지만, 서자라고는 해도 갓 쓴 양반님들이 참외 먹기
내기를 벌이다니! 채신머리가 없긴 하지만, 참외 값이
그리 비싸진 않았고, 내기를 핑계로 참외를 잔뜩 먹어
배도 불릴 수 있으니 져도 그렇게 기분 나쁜 내기는 아
니었을 것 같다. 다만 이날의 참가자 중에는 만두 백 개
를 먹는 식신으로 이름난 박제가가 있었으니, 내기의 승
자가 누구일지는 빤하지 않은가. 박제가는 과연 얼마나
많은 참외를 먹었을까?《조선민화》에 나오는 대로 참외
20개를 대번에 먹어 치운 정도는 아니었을까?

　그런데 깐깐한 이덕무는 그의 책에서 참외 먹을 때 꼭
지켜야 하는 예절을 굳게 정해서 적어 두기까지 했다.

1. 참외는 껍질을 먹지 말고, 수박은 씨를 깨 먹지 말라.

2. 무나 참외를 먹다가 남을 줄 때에는 꼭 칼로 잇자국 난
것을 깎아 내고 줘야 한다.

3. 참외를 먹을 때는 반드시 칼로 조각을 내서 먹고, 물이
튀지 않게 먹어야 한다.

현대인의 관점에서 본다면 당연한 음식 매너로 보이지만, 당시 사람들이 얼마나 아무렇게나 참외를 먹었으면 이런 주의사항을 정해 두었을까 싶다.

덧붙여 참외 빨리 먹기 내기를 할 때는 껍질을 벗기거나 조각을 낼 시간 따위는 없었을 것이다. 혹시 이덕무는 그렇게 참외를 껍질째 삼켜 대는 친구들의 모습에 진절머리가 나서 이런 예절을 기록한 걸까.

이덕무는 이날 참외 먹기 내기에는 참여하지 않았지만, 다른 날에는 친구들과 함께 참외를 먹었다. 영조 44년(1768) 6월 그믐날, 이덕무는 지금의 창덕궁 근처에 있는 정자 몽답정夢踏亭에서 친구들과 만났으니, 이날 모인 사람들은 윤가기, 유득공, 박제가였다.

급하게 만난 탓인지, 아니면 원래부터 찢어지게 가난했던 살림 탓인지 붓을 미처 가져오지 못해 솜대 줄기를 뽑고, 돌배 나뭇가지를 꺾고, 부들 순을 씹어서 간신히 붓을 만들어 시를 쓰는 이들의 배를 채운 것은 참외 13개였다. 네 사람이니 한 사람당 3개쯤 돌아갔을 것이다. 그리고 여기서 이덕무는 자신의 참외 먹는 법을 관철시켰으니, 참외는 깎여 있었다[剸拾參瓜]. 깎지도 않은 참외를 먹어 대는 사람들이 싫어서 꼭 깎아 먹을 것을 당부했던 그다운 일이었다.

조선 시대의 참외는 품종개량을 하고 비료를 잔뜩 줘서 키운 요즘 것만큼 크고 달지는 않을 테지만, 그래도 세 개쯤 먹으면 배가 조금은 차지 않았을까. 그럼에도 박제가는 여전히 배가 고팠을 것 같지만 말이다.

참외 때문에 화가 나고,
참외 때문에 속고

성종 14년(1483) 6월, 갑자기 참외 한 그릇이 승정원으로 내려졌다. 임금이 내린 것이었다. 평소라면 임금님이 신하에게 친히 내린 음식이라며 감사하게 받아먹었겠지만, 이번에는 누구도 감히 그러지 못했을 것이다. 이 참외를 내린 성종은 단단히 심사가 뒤틀려 있었다.

> 이 물건(참외)을 민간에서는 먹기 시작했는데, 이번 달 각사各司에서 아직까지 천신薦新하지 않았다는 것은 매우 옳지 못한 일이니, 그들을 추국推鞫하라. 나는 천신하지 아니하였으니 감히 먹을 수 없고, 승지承旨들이 다 그 맛을 보도록 하라.

천신이란 철마다 새로 나온 농산물들을 사당에 바치는 제사로, 한마디로 신고식이라 할 수 있었다. 그런데 그게 늦어진 사이에 누군가가 궁에 잘 익은 참외를 바쳤고, 그걸 본 성종은 제때 참외를 바치지 않은 신하들을 족쳤다. 아직 제사를 지내지 않아 임금으로서 먹을 수 없다니 말이야 근사하지만, 사실상 자신을 안 챙겨 줘서 서운하다는 말과 다름없지 않은가.

덕분에 그날 근무한 승지들은 마른하늘에 날벼락을 맞은 신세였다. 차츰 더워지는 날씨의 참외이니 맛은 있겠고 보기만 해도 군침이 돌겠지만, 임금도 먹지 못한 것이다. 더군다나 그것 때문에 화가 난 임금이

┃조선인이 즐겨 먹었던 패스트푸드 참외

내린 참외였다. 그렇다고 신하 된 도리로 임금이 준 것을 안 먹을 수도 없으니, 맛있는 참외를 먹는 것이 그날만은 모래를 넘기는 기분이었을 것이다.

참외를 제때 안 바친 관리들이 어떤 벌을 받았는지는 실록에 적혀 있지 않지만, 최소한 다음 해부터 임금님에게 참외는 제때에, 아니면 좀 더 일찍 진상되었을 것이다.

고작 참외 때문에 이렇게 꽁한 게 속 좁게 느껴지기도 하지만, 성종은 참외를 꽤 좋아했던 모양이다. 《지봉유설芝峰類說》은 성종과 참외 이야기를 하나 더 전하고 있다. 어느 날 새로 진상된 참외를 맛보던 성종은 너무 맛이 있었던 나머지, 혼자 다 먹지 않고 자신의 형이지만 왕위 계승에서는 밀려났던 월산대군에게 보내며 시를 남겼다.

새로 익은 참외 맛이 수정처럼 시원하구나.

新瓜如嚼水晶寒

형제의 정을 생각하면 차마 혼자 먹겠나.

兄弟情親忍獨看

한마디로 참외가 너무 맛있어서 형과 나눠 먹고 싶다는 말이다. 이로써 성종이 참으로 효성스럽고 우애가 넘치는 사람이라고 하지만, 동시에 형제가 모두 참외를 좋아했던 것만은 분명한 듯하다. 임금님이나 왕족이라면 값비싼 것만 입에 맞았을 것도 같건만, 참외를 좋아하는 데는 임금이든 백성이든 똑같았다는 게 아닐까.

참외와 얽힌 이야기가 마냥 좋은 것만 있는 것은 아니었다. 때로 참외 사기를 당한 사람도 있었는데, 《열하일기熱河日記》의 저자 박지원이 바로 그 주인공이었다. 그가 쓴 《성경잡기盛京雜識》를 보면 참외 때문에 된통 속는 이야기가 나온다.

날짜는 7월 13일, 때는 바람이 무척 심한 여름날이었다. 새벽 일찍 일어나서 여행길을 떠난 박지원은 무척 고단했다. 우연히 의주에서 온

장사꾼들 무리를 지나치고, 가게에 들러 글씨를 써 주고, 낯선 이국의 풍경을 구경도 하다 말을 타고 돌아가는데 참외밭에 있던 한 노인이 박지원을 붙잡고 하소연을 했다. 자신은 원래 참외를 팔아서 하루를 벌어먹고 사는데, 조선 사람들 40~50명이 지나가면서 참외를 처음엔 사 먹다가 이내 돈을 주지 않고 각자 참외를 하나씩 빼앗고 소리를 지르며 달아났다는 것이다. 사정을 하소연하려고 해도 무리의 대장은 못 본 척하고, 심지어 쫓아가려고 하니 참외로 자신의 얼굴을 치고 도망갔다며 슬퍼했다.

그렇게 넋두리를 한 노인은 박지원에게 청심환을 달라고 졸랐다. 당시 조선 청심환은 명약으로 알려져 있었고, 중국 사람들은 조선인만 보면 청심환을 어떻게든 뜯어내려고 안달하곤 했다. 박지원이 마침 없다고 대답하니, 노인은 작전을 변경해서 참외 다섯 개를 내밀고 사 달라고 우겼다. 방금 조선인들이 행패를 부렸단 이야기를 들은지라, 박지원은 이것마저 차마 거절하진 못하고 참외를 하나 깎아 먹었는데, 다행히도 참 달고 맛있었다. 함께 있던 말몰이꾼과 하인도 참외를 두 개씩 먹고, 숙소로 가져갈 용도로 참외를 네 개 샀다.

이렇게 총 9개를 샀는데, 노인이 부른 참외 값은 무려 80문이었다. 너무 비싸다 싶은 박지원이 50문을 내놓자, 가련했던 노인은 한순간 탈바꿈해서 화를 펄펄 내며 돈을 더 내놓으라고 억지를 부리기 시작했다. 결국 하인들의 돈까지 합쳐 71문을 만들어 주고 주머니를 뒤집어 텅 빈 걸 보여 주자 비로소 노인은 잠잠해졌다고 했다. 이렇게 엄청나게 바가지를 쓰고 참외를 샀지만, 무엇보다 박지원의 마음을 괴롭힌 것은 조선인들이 행패를 부렸다는 사실이었다.

그렇게 박지원은 참외를 가져다가 참站의 숙소로 돌아와 사람들에게 참외를 나눠 주고 사연을 이야기했는데, 매우 충격적인 소식을 듣게 되었다.

"그런 일 없었는데요? 그 참외 파는 늙은이가 참 교활해서 어르신이 혼자 오시니 거짓을 꾸며서 청심환을 뜯어내려 한 것이겠지요."

그제야 사기당한 것을 알게 된 박지원은 너무나도 분해서 눈물을 흘리기까지 했다. 사람들은 이런 박지원을 위로하며 사기 친 놈은 한인漢人일 것이라고, 만주인은 그렇게 못되지 않았다고 말해 주었다. 하지만 그것만으로 분이 풀리지 않았던 박지원은 이렇게 일기에까지 자세히 기록하였으니, 아마 그는 그날 먹었던 참외의 맛을 평생 잊지 못했을 것이다.

이렇듯 이야기도 많고 탈도 많으며, 무엇보다 맛있는 조선의 패스트 푸드 참외였다.

인절미로 말하자면, 어쩌면 이 책에 실린 음식 중에서 가장 오래된 것일 수도 있다. 〈떡국〉 편에서 이미 다양한 떡에 대해 이야기했는데, 그중 자飺.粢라는 떡이 나온다. 그리고 먼 옛날 주나라의 예법을 기록했다는 《주례周禮》〈천관〉에는 '후이분자糇餌粉粢'라는 말이 나온다. 한자 뜻을 풀이하면 '볶은 쌀과 가루 곡식'이라는 뜻인데, 여기서 이餌나 자粢는 떡을 뜻하는 말도 된다. 그러니까 결국은 가루가 묻어 있는 떡이 될 수도 있다. 그래서 성호 이익을 비롯한 많은 사람들이 이 음식을 인절미라고 해석했다.

떡이면 떡이고, 인절미면 인절미이지 뭘 그리 글자 하나하나에 집착할까 하겠지만, 이렇게 사소한 데에 매달리는 게 학자인 법이다. 이익은 후糇는 볶은 콩, 분粉은 콩가루라고 해석을 했고, 나머지 이餌나 자粢는 바로 떡을 일컫는 말이라 여겼으니, 결국 인절미였다.

> 찹쌀과 기장쌀을 가루를 내서 떡을 만들거나, 쌀을 먼저 쪄서 만들기도 하는데, 그 위에 콩을 볶아 가루를 내서 떡에 붙이니 지금 세상에서 말하는 인절미印切餅라는 것이다.

《성호사설》 제6권 〈만물문萬物門〉의 이러한 설명을 읽노라면 지금 인절미와 다를 바 없다는 생각이 절로 든다. 이익이 영조 때 사람인 걸 생각하면 인절미를 만드는 법은 수백 년 동안 바뀌지 않은 것이다!

게다가 만약 《주례》의 기록이 사실이라면, 인절미의 역사는 자그마치 수천 년 전으로 거슬러 올라가게 된다. 실제로 《임원십육지》에서는

| 인절미

'떡 중에서 가장 오래 되었다'라는 말도 하고 있다.

그런데 그 먼 옛날 중국의 자와 지금 우리가 먹는 인절미 사이에는 참으로 크나큰 공백이 있다. 과연 중국의 떡은 언제 우리나라로 넘어 왔으며, 사람들은 어떻게 인절미에게 맛을 들였는지 그 과정이 없는 것이다. 떡을 먹는 것이야 삼국 시대 초기 석탈해와 유리이사금 중 누가 다음 왕이 될지 이의 개수로 정하자고 했을 때부터 등장하지만, 이

때 떡이 과연 그냥 찰떡인지 인절미인지 알 수 없다. 그 후로 수백 년 뒤 고려 때의 목은 이색은 이에 떡이 붙는다며 걱정하는 시를 지었으니, 당연히 그가 먹은 떡은 멥쌀떡이 아니라 찹쌀떡이었을 것이다.

겉은 눈처럼 하얗고 매콤달콤한 맛이 뒤섞였네.
雪爲膚理雜甘辛
동글동글한 떡이 이에 붙을까 걱정되는구나.
團團祇恐粘牙齒

_ 이색,《목은시고》제18권 〈유두일에 3수를 읊다〉

다만 이날은 유두절이었기에 인절미를 먹은 것은 아니었다.

그러다가 인절미라는 이름이 붙은 떡이 처음 등장하는 것은 조선 왕조 최악의 임금 중 세 손가락 안에 드는 인조의 전설이다. 병자호란 때 남한산성이나 기타 등등으로 피란 가서 고생할 때, 임씨 성을 가진 사람이 떡을 만들어 바쳤는데, 그게 너무 맛있어서(전쟁통에 굶주린 와중이니 뭘 먹어도 맛이 없었겠냐만) 끝내 주는 맛, 즉 '절미'라고 부르게 하고 바친 사람의 성씨 '임'을 붙이게 했는데 이게 발음이 바뀌어 인절미가 되었다는 것이다. 이 이야기는 그와 마찬가지로 피란을 가서 밥을 굶었던 임금 선조의 도루묵 전설과 상당히 비슷한 양상이라 실제 있었던 일인지는 알 수 없다.

아무튼 조선 후기가 되면 갑작스레 인절미의 기록이 부쩍 많아진다.

궁중에서도, 양반도, 백성들도 곧잘 먹었던 것이다. 인절미는 그렇게 조선 역사에 갑자기 등장한다.

그러면 인절미는 한자로 어떻게 표기했을까? 원래 자餈 혹은 고餻라고도 했지만, 이제 가장 익숙하게 들리는 것은 인절미를 한자로 음차한 인절병印切餠이다. 때에 따라 인절引切이라고도 쓰고 인절印切이라고도 했다가 또는 인절미仁切米라고도 했다. 또는 짧게 줄여서 인병引餠이라고도 썼다.

결론을 말하자면 정말 제멋대로 불렀으니, 발음이 인절(옛 한글로는 인졀이라고 썼다)만 되면 별 상관이 없었다는 말이다. 즉 이 떡의 원래 이름은 한글이었고, 이걸 발음만 같은 한자로 바꾸다 보니 정말 제멋대로 적게 된 것 같다.

지금까지 내용을 정리하자면, 인절미는 3천 년 전쯤에 먹다가 갑자기 조선 후기에 혜성처럼 나타난 것인데, 정말로 그럴까? 오히려 너무 흔하게 먹어 왔기에 사람들이 기록하지 않았던 것은 아니었을까. 요즘도 특별하게 먹은 비싼 밥이나 외식이라면 일기에 적거나 SNS에 자랑글을 올리지만, 매일 먹는 밥은 굳이 그러지 않는다. 어쩌면 인절미도 그랬을지 모른다. 적어도 분명한 것은 많은 사람들이 아주 오랫동안 이 떡을 사랑해 왔다는 점이다.

생각해 보면 인절미처럼 간단한 요리가 또 있을까? 만들 때 딱히 어려운 공정이 필요하지 않고, 원재료는 찹쌀과 약간의 소금, 콩가루뿐이다. 이렇게 간소한 재료로도 훌륭한 맛을 냈다. 과연 어디의 누구였

* 그로부터 수백 년 뒤인 1929년에 발행된 잡지 〈별건곤(別乾坤)〉 12월호에는 〈천하명식팔도명물예찬〉이라는 길고도 긴 기사가 실렸는데, 여기에서도 연백(延白)의 인절미가 당당한 명물로 자리하고 있다. 연백이란 황해도 연안(延安)과 배천(白川)을 합쳐서 이르는 말이라는데, 그곳 인절미가 얼마나 맛있으면 이토록이나 유명할까? 휴전선 간 없다면 찾아가서 먹고 싶거진다.

을까? 찹쌀을 쪄서 절구에 쿵쿵 찧어 쫄깃쫄깃하게 만들고, 여기에 고소한 콩가루를 묻혀서 먹을 생각을 한 사람은? 그가 어디의 누구든 진실로 감사할 뿐이다. 언제고 출출할 때 식사 대용으로든, 간식으로든 너무나도 맛있는 게 인절미이니까.

은근히 다양한 인절미

앞서 인절미가 참 단순하게 만드는 떡이라고 했는데, 이건 맞는 말이기도 하고 틀린 말이기도 하다. 먼 옛날의 인절미 레시피를 보면 인절미는 단 한 종류만 있었던 것은 아니었다.

《임원십육지》에는 황해도 연안 지방의 인절미가 제일 맛있다는 말을 하는데*, 이 책은 제조 방법에서 그 요인을 찾는다. 쌀이 좋아서가 아니며, 떡을 만들 때 쌀을 그냥 찌지 않고 일단 가루로 만든 뒤 푹 쪄서 찧기 때문이라는 것이다. 그러면 울퉁불퉁한 곳이 없이 아주 매끈한 떡이 된다고 하니, 확실히 입자가 고운 인절미는 더욱 쫀득쫀득해질 것도 같다. 거의 모든 요리서의 인절미 레시피에서 떡을 무수하게 쳐야 한다고 적고 있으니, 인절미를 먹을 때 가장 중요한 건 쫀득쫀득함이 아닐까.

요즘의 식품학 연구서들을 보면, 인절미를 주제로 쓴 논문들은 조리 방법 및 재료에 따른 인절미의 텍스처, 곧 식감, 쫄깃쫄깃함을 연구한 것들이 꽤 많이 있다. 즉 인절미의 가장 중요한 조건이 쫄깃함이라는 소리다. 이제 사람들을 너무 힘들게 하지 않으면서도 맛있는 떡을 만들어 내는 방앗간 기계에게 감사를 표해야 할 것만 같다.

인절미를 만들 때 콩가루만 묻힌 것은 아니다. 《조선요리제법》에 나온 인절미 만드는 법을 보면, 여름에는 콩이나 깨, 겨울에는 콩이나 팥을 고물로 썼다. 그뿐만 아니라 《시의전서》, 《임원십육지》에는 인절미가 아예 체로 친 볶은 깨를 묻힌 떡이라고 되어 있다. 그러면 깨떡이나 팥떡이라고 불러야 하지 않을까 싶지만, 조선 시대에는 이것들이 인절미의 한 종류였다. 이때 쓰인 팥은 그냥 붉은 팥이 아니고 껍질을 벗긴 하얀 거피팥이었다. 과연 팥고물을 묻혀 먹는 인절미는 어떤 맛이었을까?

흥미로운 건 씨를 뺀 대추를 으깨 넣어 만드는 인절미가 있었다는 사실이다. 왜 하필 대추일까? 꿀이나 설탕이 흔하지 않았던 옛날이다 보니 새콤달콤한 맛을 내려면 대추를 넣는 게 좋았을 것이다. 이유야 어쨌든 신기하다.

이 외에도 당귀잎가루를 버무려 넣고 찌거나, 먼저 붉은 밥(홍반)을 지어 놓은 뒤 이걸 찧어서 만드는 것도 모두 인절미라고 했는데, 모두 특이한 맛을 가지고 있다고 한다. 붉은 인절미라! 노란 콩가루 사이에서 빨간 속살이 보이는 인절미라면 색감이 무척 화려할 테니 요즘 만들어 먹어도 좋을 것 같다. 뿐만이 아니다. 《산가요록》을 보면 잡과병雜果

餠이라는 요리가 나오는데, 찹
쌀로 인절미를 만든 뒤
꿀을 바르고 여러 과일
들을 썬 것을 떡에 묻
힌 것이다.

| 잡과병

　이렇게 기기묘묘한 레시
피의 인절미들이 있었으니, 정리
하자면 우리가 생각한 것 이상으
로 인절미의 종류는 다양했다. 그렇지만 지금까지 살아남은 것은 가장
간단하게 만들 수 있는 콩가루와 찹쌀떡의 조합이었다.

　《음식디미방》에는 인절미를 특별하게 먹는 방법이 실려 있다. 고소
하지만 그와 함께 평범하기도 한 게 인절미인지라, 더 맛있게 먹을 방
법을 고안한 듯하다. 그것은 바로 인절미를 구워 먹는 것이었다. 인절
미 속에 엿을 3cm 정도 꽂아 뒀다가 약한 불에 구워서 엿이 녹을 정도
가 되면 아침으로 먹는다는 것이다. 아침으로 먹는다면 떡은 하루나
이틀 전에 만든 것일 테니 조금 딱딱할 수도 있겠다. 하지만 엿을 안에
넣고 녹을 정도로 살살 굽는다면, 겉의 콩가루가 바삭하게 구워지니
더 고소하고, 안은 갓 찐 떡처럼 말랑말랑해지고, 끈적해진 엿과 뒤섞
이니 쫀득하고 달콤하여 그만한 별미가 없을 것이다. 좋은 엿을 구하

기 어렵다면, 역시나 살짝 마른 인절미를 불에 구워 꿀에 찍어 먹는 법이 있지 않은가. 이는《증보산림경제》및《임원십육지》에도 실려 있는 전통 있는(?) 방법임을 생각하면 역시나 맛있게 먹는 법은 수백 년의 시간을 지나도 여전히 살아남는 듯하다.

인절미를 보내 주오

요즘이야 돈만 있다면야 언제든지 무엇이든지 사먹을 수 있지만, 냉동 포장도 특급 배송도 없던 옛날에는 그렇지 않았다. 그런데 인절미를 잘 말리면 의외로 상하지 않고 오래가는 음식이 될 수도 있었던 모양이다. 그러다 보니 조선 시대의 인절미는 먼 길을 가며 먹거나 보내는 음식으로 애용되었으며, 조선인이 아닌 외국인이 인절미를 먹고 싶어 하는 일도 있었다.

정조 9년(1785) 2월, 조선 사신이 중국에 다녀오게 되었다. 그러자 조선은 역관 및 사람들을 풀어 중국 주요 인사들의 정보를 샅샅이 수집했고, 이걸 보고서로 작성하는 꼼꼼함을 발휘했다. 이때 밝혀진 정보에는 꽤 중요한 것도 있고 시시껄렁한 것도 있었는데, 그중 하나가 부칙사 아숙阿肅이라는 중국 인사가 조선의 인절미에 사족을 못 쓴다는 것이다. 아숙은 이전에도 조선에 들른 적이 있었다. 이때 조선은 사신이 찾아드는 역마다 갈아탈 말과 간식거리를 장만해 뒀는데, 이 간식거리가 바로 인절미引截餠였다. 이 중국 사신은 처음 먹는 인절미 맛에 홀딱 반했고, 아껴서 먹으려고 주머니 속에 인절미 7, 8개를 꾸역꾸역 욱여넣었다고 한다. 그래서 북경까지 고이고이 들고 간 건 좋은데, 당연히도(!) 인절미는 다 썩어 버렸다. 얼마나 맛있었으면 인절미를 두고 두고 먹으려고 주머니에 넣어 가져갔을까. 다 상한 인절미를 꺼내 보고 몹시 실망했을 외국인의 얼굴이 눈에 선해서 웃음이 나면서도 불쌍해진다.

조선 시대 인절미 원거리 배송의 최고봉으로 손꼽히는 것은 추사 김정희이다. 조선 시대를 대표하는 서예가이자 금석학의 대가인 그는 헌종 때인 1840년, 이런저런 정치 문제에 휘말려서 제주도로 유배를 갔는데, 당시 그의 나이는 55세였다.

멀고도 외진 섬에서 지내면서 김정희를 가장 괴롭힌 것은 먹는 문제였다. 내내 내륙에서, 서울에서 곱게 자란 김정희는 제주도 음식이 입에 맞지 않았던 것 같다. 제주도 사람들은 산채를 먹지 않고 해산물 등을 위주로 제주도다운 식사를 했는데, 그게 김정희에게는 죄다 안 맞았던 모양이다. 또한 물이 바뀌고 먹는 게 바뀌면 누구나 처음엔 힘들기 마련이니, 먼 외지, 그것도 귀양이라는 처량한 생활을 하던 김정희는 평안했던 시절에 먹었던 음식들이 몹시 간절해진 모양이다.

그래서 김정희의 부인 이씨는 귀양 간 남편을 위해 이것저것 먹을

아내 홍씨는 자못 사리에 밝아
언제나 게으름 피우는 일 없이
모든 일을 잘 갖춰 주었지.
옥같이 깨끗한 인절미를 갖춰 두고
정갈하게 썬 회를 차려 두었네.

것을 부쳤다. 그런데 당시는 냉동 택배도 없고, 비행기도 없던 시절이었다. 뭔가를 보내려면 인편밖에 없고, 제주도까지 가려면 배를 타야했다. 당연히 험하고도 위험한 길이었고, 물건이 제대로 도착하기는커녕 사람이 죽는 일도 허다했다. 그러니 인절미를 인편으로 보내는 게얼마나 힘들었겠는가. 물론 말랑말랑한 인절미를 그냥 보내지 않고, 말리거나 소금을 쳐서 오래가게 하는 조치를 취했겠지만, 그럼에도 무사할 리가 없었다. 결국 아내가 보낸 먹을 것을 받은 김정희는 '인절미가 다 썩어 버렸습니다'라는 답장을 보냈다. 그 편지를 받아 본 아내의마음도 썩어들어갔을 것이다.

왜 그리 인절미를 찾았을까? 인절미는 찹쌀 혹은 찹쌀가루를 찐 뒤무수하게 절구를 찧어야 한다는 귀찮은 점이 있지만, 그나마 만드는레시피가 단순했고 만들기도 쉬워서 곧잘 해 먹던 떡이었다. 그러니가장 그리운 음식도 인절미였던 게 아닐까.

실제로 외지에 살면서 인절미를 그리워한 것은 김정희만은 아니었으니, 정약용도 홀로 귀양생활을 하며 고생하는 와중, 아내를 그리워하며 인절미를 떠올렸다.

아내 홍씨는 자못 사리에 밝아

妻洪頗曉事

언제나 게으름 피우는 일 없이 모든 일을 잘 갖춰 주었지.

辦具常不懈

옥같이 깨끗한 인절미를 갖춰 두고

璀璨羅鱻餌

정갈하게 썬 회를 차려 두었네.

精細推胚正膾

이런 걸 보면 옛사람들에게는 엄마의 집밥처럼 '아내의 인절미'라는 추억의 음식이 있었던 게 아닐까.

실제로도 옛사람들은 모두 집에서 인절미를 만들어 먹었던 것 같으니, 이덕무는 '인절미는 무르게 만들어서는 안 된다!'라는 잔소리를 남기기도 했다. 물론 만드는 대신 사 먹기도 했다. 성균관 앞에서는 인절미를 비롯한 떡을 팔았다는 기록이 전한다. 이덕무는 '떡을 자주 사 먹으면 집안 망칠 징조'라고 잔소리를 했는데, 아무래도 만들어 먹는 것보다 사 먹는 게 훨씬 비쌌을 테니 낭비하는 것이라서 그랬던 것 같다.

원하기만 하면 얼마든지 떡집에 들러 값싸고도 맛있는 인절미를 사 먹을 수 있는 지금은 얼마나 축복받은 걸까. 새삼 쫄깃한 떡 위에 소복하게 뿌려진 고소한 콩가루가 떠올라 군침이 돈다.

| 요리를 사랑한 남자들 |

•김정희秋史 金正喜, 1786~1856

조선 후기를 대표하는 서예가이자 추사체의 발명자로 유명하며, 아내에게 보내는 한글 편지는 매우 자상했다. 다만 그 내용이 죄다 먹을 거 투정인 것은 곤란했지만.

그 사정을 말하자면 늘그막에 귀양을 가게 되어 입에 안 맞는 타지 음식 때문에 그런 것인데, 덕분에 그의 한글 편지는 조선 후기 음식 역사에 많은 자료를 제공했다. 아내가 바리바리 싸서 보내긴 했지만, 산 넘고 물 건너 제주도에 있다 보니 음식이 상해 버리는 것도 어쩔 수 없는 노릇이었다. 덕분에 김정희는 인절미, 장아찌醬果, 무 젓갈이 죄다 상하거나 먹기 어렵게 되었다고 투덜거렸다. 어떻게 고사리나 두릅을 얻어먹긴 했는데, 김치와 새우젓, 젓국을 구할 길이 없어 어쩔 수 없다고 속상해했다. 서울에서 보낸 장들은 모두 소금꽃이 피어 변했으니, 혹시 서울 진간장 구할 수 있으면 사서 보내라 하고, 그것도 질 좋은 걸로 빨리 보내 달라고 칭얼대기도 했다. 여기에 민어를 보내 달라, 곶감도 얻어 달라, 겨자를 보내 달라는 등 부탁도 한다. 심지어 지금도 귀한 먹거리인 어란(물고기 알)을 얻어 달라고도 했다.

이렇게 먹는 것으로 아내를 괴롭힌 김정희였지만, 정작 아내가 병을 앓게 되자 매우 걱정했고, 결국 아내가 죽었다는 소식을 듣고 슬퍼했다. 그나마 다행한 일은 이후로는 제주도 음식에 적응했는지 음식 투정은 덜했다는 사실이다.

•이인수李仁壽

어쩌면 조선 최초의 숙수熟手. 그가 역사에 이름을 남긴 것은 요리 솜씨 덕분이었다. 그는 오래도록 고려의 장군이던 이성계를 모시며 밥을 해 왔고, 조선이 세워진 이래로도 여전히 태조 이성계의 입맛을 책임져서 중추원의 벼슬까지 받았다. 그의 신분이 천하고 재주가 없다며 배척받았지만 태조가 "저 사람은 다른 일은 안 하고 내 식사를 책임지기만 하니까." 하고 감쌌다. 성품이 좋았던지 벼락출세한 것치고 큰 사고 없이 벼슬 생활을 했다.

• 이표李杓, 18세기

조선 후기의 역관으로, 맛의 추구에는 진실로 일가견을 이루었다. 당대의 온갖 미식들의 기록을 남겼는데 그게 참 화려하다. 꿩, 닭, 쇠고기, 돼지고기를 몽땅 넣은 모로계잡탕, 수탉과 꿩고기를 밀가루로 싸서 찐 황자계혼돈 같은 잔뜩 호사스러운 음식은 물론, 가마보곶(가마보꼬)이나 계단탕 같은 일본, 중국풍 음식도 모두 맛보고 기록을 남겼으니 이것이《수문사설》이라는 책이다.

참고로 중인 출신이던 그가 이처럼 미식을 섭렵할 수 있었던 것은 역관으로 무역을 통해 큰돈을 벌었기 때문이었으리라.

마무리를 대신하여

1720년, 한 명의 조선 사람이 중국에 간다. 그의 이름은 일암 이기지 一庵 李器之. 조선 사신 자격으로 북경에 도착한 그는 관광 명소인 천주당에 들렀다. 마침 수도자 셋이 천주당에 있었다. 그 이름은 수아레즈, 쾨글러 등으로, 당연하게도 서양인들이었다. 처음 보는 생김새였으니 얼마나 신기했겠는가. 하지만 이기지를 깜짝 놀라게 한 것은 그들의 생김새가 아니라 그들이 대접한 먹을거리였다.

서양떡西洋餅. 난생 듣도 보도 못한 신기한 과자 20개가 접시에 담겨 나왔다. 박계薄桂, 곧 계피나무 껍질처럼 생겼다는 게 이기지의 감상이었는데, 그 맛이 무척 부드럽고 달았다. 무엇보다 입에 들어가자마자 스르륵 녹는 그 맛이라니! 완전히 반한 이기지는 수도자들에게 어떻게 이걸 만드느냐고 물었다. 재료는 설탕과 계란, 밀가루였다. 먹은 뒤에도 배가 부르지 않았지만 속이 편했고, 시장기마저 잊을 수 있었다고 했다.

이쯤 되면 대충 감이 오리라 생각한다. 그렇다, 이기지가 얻어먹은 것은 바로 카스텔라였다. 조선에도 달달한 음식들이 없는 것은 아니지만, 이런 색다른 간식거리에 이기지는 진정으로 '컬처 쇼크'를 겪은 듯하다.

그래서였는지 이기지는 수도자들을 또 만났고, 이번에는 카스텔라를 차에 담가 부드럽게 먹는 법을 배웠으며, 포도주까지 얻어먹었다. 새로운 맛에 또 한 번 반한 이기지는 포도주 만드는 법도 배웠다. 그는 이후로도 무려 10번이나 천주당을 들락날락했다.

이기지는 안타깝게도 조선에 돌아오자마자 신임사화에 휘말려 죽고 마는데, 그렇지 않았다면 다양한 서양 문물, 최소한 카스텔라와 포도주를 조선에 도입하는 데 성공했을지도 모르겠다.

그런데 카스텔라에는 이미 다른 슬픈 전설도 있었다. 숙종 때 어의인 이시필李時弼이 우연히 북경에 갔다가 어떤 장군의 병을 치료해 주고 답례로 얻어먹었는데, 그 맛에 깜짝 놀랐다고 했다. 이름은 계란떡鷄卵餠이라고 했지만, 이게 카스텔라지 다른 무엇이겠는가. 그래서 제조법을 배워 조선으로 돌아온 뒤 만들어 보았지만, 도저히 그 맛을 낼 수 없었다고 한다.

이시필은 끝내 카스텔라 제조의 꿈을 이루지 못했고, 이기지 역시 마찬가지였다. 이후로도 많은 이들이 카스텔라의 맛에 반했고, 한 발짝 더 나아가 카스텔라를 만들어 보려고 애썼다. 그리하여 카스텔라는 조선에도 설고雪糕라는 이름으로 소개되었으며, 혹은 가수저라加須底羅라고 했다.

먹는 것에 은근히 깐깐하지만, 그 이상으로 맛있는 것을 좋아했고, 단것이라면 사족을 못 썼던 이덕무는 그의 책《청장관전서靑莊館全書》에 카스텔라 만드는 레시피를 적어 두었다. 재료는 밀기루 한 되와 백설탕 두 근, 달걀 8개였다. 이걸 반죽해서 구리 냄비에 담아 숯불로 색이 노랗게 될 때까지 익히고, 대바늘로 구멍을 뚫어 불기가 속까지 들어가게 해서 만든다고 했다.

재료는 나무랄 것 없다. 하지만 요리 및 제빵을 좀 해 본 사람이라면 알 법한 공립법이나 별립법처럼, 계란을 거품 내어 공기를 집어넣고 카스텔라의 질감을 폭신폭신하게 하는 내용이 전혀 없으니 이시필이 왜 자체 카스텔라 제작에 실패했는지 조금은 알 것도 같다. 이대로 만든다면 매우 단 달걀빵이 만들어졌을 것이다. 물론 그것도 맛있겠지만 말이다.

이덕무라면, 그렇게 단것을 좋아했던 그 사람이라면 가난한 살림에 한 번쯤은 카스텔라 만들기를 시도하지 않았을까? 물론 박제가가 쳐들어온다면 제대로 맛도 못 보고 빼앗겼겠지만. 설령 만들어 보진 못했다 해도 이덕무는 이 레시피를 한 글자 한 글자 적으며 어떤 맛일지 무척 궁금해했을 것이다.

음식은 때때로 신기한 마법의 힘을 발휘한다. '한솥밥을 먹는 사이'라는 말이 있다. 같은 음식을 먹으며 쌓이는 정을 이야기한 게 아닐까. 굳이 밥이 아니더라도 맛있는 것은 언제나 배를 부르게 하고 입을 만족하게 하며 그래서 마음을 편안하게 한다. 또한 약간의 취향 차이가 있을 수 있지만, 동시에 국경도 문화도 뛰어넘는 게 맛있는 음식이 아니던가. 이제 우리네 한식이라고 일컫는 많은 음식들도 처음엔 외국의 생소한 먹거리였고, 그게 마침내 이 땅에 정착한 것들이니까.

그리고 세상에는 맛있는 음식만 있는 게 아니고, 그 맛을 즐기는 사람들도 있다. 그들이 쓴 글은 어떻게든 티가 난다. 딱딱하고 어려운 한자 너머로 '이거 정말 맛있어!' 하는 마음의 외침이 고스란히 전해진다. 좋은 사람이든 나쁜 사람이든, 유명한 사람이든 그렇지 않은 사람이든 먹는 것을 이야기할 때만은 정말 하나가 된 듯하다. 이거 먹었다, 저거 먹었다, 맛있다 등의 기록을 보면 요즘의 맛집 블로그와 다를 바 없다. 정말 맛을 즐기며 좋아서 쓰는 것들이다 보니 읽는 사람의 입에도 절로 침이 고인다.

그렇지만 맛을 즐기는 것의 '끝판왕'은 역시나 스스로 요리를 만드는 게 아닐까? 남이 한 것을 얻어먹는 데에서 그치지 않고 스스로 맛을 만들어 내는 적극성에서 말이다. 이 책이 그냥 맛을 즐기는 이야기에 그치지 않고 요리법을 다룬 것은 그 때문이다. 비록 재료 및 솜씨의 한계 때문에 직접 만들기를 시도해 보진 못했지만, 언젠가는 해 보고 싶다. 그 요리를 먹고 즐거워했던 옛사람들의 시를 볼 때마다 그 요리를 먹어 보고 싶은 마음이 가득해졌으므로.

그래서 이 책을 쓰는 것은 무척 즐거웠다. 수백 년 전의 요리들과 그걸 즐긴 사람들의 이야기를 찾는 일은 신기하면서도 이채롭고, 즐거웠다. 기기묘묘한 요리 방법들, 신기한 요리들을 맛나게 먹는 글을 보며 그 맛을 상상해 보았다. 더불어 이 책에 등장한 많은 사람들, 즉 학자나 정치가 같은 한쪽 면만 알고 있던 이들이 먹을 걸 밝히는 모습을 보는 게 신기하면서도 친근하게 다가왔다.

한 가지 괴로움이 있었다면, 필자의 작업 시간이 조용한 새벽녘이다 보니 정신은 맑아도 배는 출출해서 쓰는 동안 고통이 이만저만이 아니었다는 것이다. 이제 이 책을 끝내니 당분간 그런 괴로움도 끝나겠지만, 대신 아쉬움이 남는다. 이제까지 많은 음식들과 함께한 글은 무척 즐거웠으며, 이 책을 보시는 모든 분들이 행복하게 밥 먹는 시간을 맞이하기를 간절히 바란다.

요리책 목록

| 1400년대 |

산가요록(山家要錄)

'산에서 생활하면서 필요한 부분을 적어 둔 책'이라는 뜻으로, 초야에 묻혀 살면서 벼슬하지 않는 사람들의 필독서란 말이다. 주로 술, 메주, 식초, 과일 및 어육 저장법, 죽, 떡, 두부 등등 230여 개의 요리법이 실려 있다.

| 1500년대 |

수운잡방(需雲雜方)

조선 중종 때의 사람인 김수(金綏, 1481~1552)가 쓴 요리책이다. 수운이란 '품위 있는 음식'을 뜻하고 잡방은 '갖은 방법'을 이르는 말이니, 한마디로 '멋진 요리를 만드는 갖가지 방법'이라는 뜻이다. 김수는 안동의 양반이자 남성으로, 이 책에서는 100여 가지의 요리를 소개하고 있는데, 요리뿐만 아니라 식품 저장 및 재배법까지 적고 있으며, 고추가 들어오기 전의 김치 담그는 법도 있다.

도문대작(屠門大嚼)

우리나라에서 가장 오래된 맛 품평서로, 저자는 허균이다. 바닷가로 귀양 가서 제대로 맛난 걸 먹지 못하게 되자, 이전에 먹은 좋았던 음식을 적어 둔 것이라는 슬픈 사연이 있다. 전국의 별미 음식을 꼽고 있는데, 그중 첫 번째로 든 것은 그의 외가 강릉에서 나는 방풍죽이었다. 전국 방방곡곡의 유명한 요리를 소개하고 지역 명물도 적고 있다.

| 1600년대 |

음식디미방(飮食知味方)

1670년경 경상북도에 살았던 정부인 장계향(1598~1680)이 저술. 146개에 달하는 요리 만드는 법을 기술한 한글 요리서이다. 각종 술 담그는 법부터 고기 요리, 만두 만드는 법 등 다양한 요리가 실려 있다. 재미있는 것은 책의 말미에 적힌 '힘들여 썼으니 딸들은 베껴 가되 가져가진 말고 책 안 상하게 잘 간직해라'라는 잔소리이다.

주방문(酒方文)

저자는 하생공이라는 사람으로, 1600년대 말에 쓰인 것으로 추정된다. 이름만 보면 술 만드는 법이 잔뜩 나와 있을 것 같지만, 요리법도 실려 있으니 합쳐 74개 방법이 실려 있다. 목차를 제외한 내용은 순 한글로 적혀 있다.

요록(要錄)

1680년경 한문으로 기록된 책이며, 저자는 알 수 없다. 떡, 술, 김치, 장아찌, 국수 만드는 법 등 130여 종의 요리법을 수록하고 있다. 이 책에 수록된 김치들은 모두 고춧가루를 쓰지 않고 천초만을 사용해서 담그는 것이며, 부록에는 5장가량이 한글로도 적혀 있다.

산림경제(山林經濟)

1715년, 숙종 시기 홍만선(洪萬選)이 쓴 책으로 주 내용은 농사짓는 법이지만 구급치료 및 요리법도 함께 실려 있다. 고추를 처음으로 언급한 요리서로, 다른 요리책들의 시대를 가늠할 때 좋은 기준이 되기도 한다.

증보산림경제(增補山林經濟)

1766년, 영조 시기 유중림(柳重臨)이 쓴 《산림경제》의 증보판. 농사는 물론이거니와 음식, 생활 전반에까지 많은 내용들을 집대성했다. 16권 12책이라는 막강한 분량을 자랑한다.

임원십육지(林園十六志)

1789년, 정조 시기 서유구(徐有榘)가 임금의 명령을 받아 30년 동안 작성한 것으로, 전쟁 및 각종 환난이 닥쳐도 이겨 낼 수 있도록 농사짓는 법을 정리한 책이다. 물론 농사뿐만 아니라 음식의 이야기도 싣고 있다. 음식 및 조미료 만드는 방법을 과학적으로 설명하기도 했다.

규합총서(閨閤叢書)

1815년, 빙허각(憑虛閣) 이씨가 쓴 '집안일 대백과 사전'으로 한글 고어체로 쓰였다. 일부는 전하지 않지만, 옷 만드는 법이나 가축을 키우고 누에를 치는 법, 불을 피우는 방법 등 일상생활에 이르기까지 많은 정보를 제공하고 있다. 또 밥, 떡, 술 만들기를 비롯한 요리 방법도 기록하고 있다.

수문사설(謏聞事設)

조선 후기, 이시필(李時弼) 혹은 이표(李杓)가 쓴 책으로 여겨진다. 이 중 특히 이표는 역관을 지낸 인물이었다. 이 책은 단순한 요리서가 아니라 당대 특별한 진미들을 다루고 있는데, 요리 명인인 숙수들이 만든 갖은 화려한 요리를 다룬 것은 물론, 일본의 가마보곳 및 중국풍 요리들도 소개했고, 지역 명물 순창 고추장까지 다루고 있다. 당시 역관들이 비록 신분은 중인이었지만 전문직이었고 막대한 재산을 바탕으로 사치스러운 음식을 먹었음을 확인할 수 있다.

시의전서(是議全書)

저자를 알 수 없는 1800년대의 책으로, 어느 양반가에 소장된 요리서를 필사해 둔 것이라고 한다. 1919년 심환진(沈晥鎭)이 필사한 것으로 며느리에게 전해졌다. 요리 이름은 한자지만 만드는 법은 한글로 쓰여 있고, 일부에는 경상도 사투리가 포함되어 있다.

부인필지(婦人必知)

1908년에《규합총서》에서 중요한 대목을 뽑아 다듬어서 한글로 낸 책. 이름 그대로 '부인이라면 꼭 알아야 하는 지식'이라는 말이다.

조선요리제법(朝鮮料理製法)

1913년, 방신영(方信榮)이 출간한 요리서로 신식 요리서의 첫걸음이라 할 수 있다.

조선무쌍신식요리제법(朝鮮無雙新式料理製法)

1920년, 이용기(李用基)가 지은 요리책이며, 처음으로 컬러판으로 나온 요리 책이었다. 그 기초는《임원십육지》이며, 여기에 서양 및 일본 등 외국의 조리법도 덧붙였다.

이조궁정요리통고(李朝宮庭料理通考)

조선 및 대한제국의 마지막 주방 상궁이자 조선 왕조 궁중 음식 기능보유자 한희순(韓熙順)이 쓴 요리책으로 1957년 출간됐다.

국립중앙도서관 출판시도서목록(CIP)

요리하는 조선 남자 / 지은이: 이한. -- 파주 : 청아출판사,
2015
    p. ;   cm

ISBN 978-89-368-1074-0 03900 : ₩15000

식문화[食文化]
조선 시대[朝鮮時代]

381.75-KDC6
394.12-DDC23   CIP2015029912

요리하는 조선 남자

초판 1쇄 인쇄 · 2015. 11. 10.
초판 1쇄 발행 · 2015. 11. 20.

지은이 · 이한
그린이 · 변유민
발행인 · 이상용 이성훈
발행처 · 청아출판사
출판등록 · 1979. 11. 13. 제9-84호
주소 · 경기도 파주시 회동길 363-15
대표전화 · 031-955-6031   팩시밀리 · 031-955-6036
E-mail · chungabook@naver.com

ISBN 978-89-368-1074-0 03900

* 값은 뒤표지에 있습니다.
* 잘못된 책은 구입한 서점에서 바꾸어 드립니다.
* 이 책에 대한 문의사항은 이메일을 통해 주십시오.
* 이 책에 사용된 사진 자료 중 일부는 저작권자를 찾지 못했습니다. 저작권자가 확인되는 대로
정식 허가 절차를 진행하겠습니다.
* 사진 출처 · 한국콘텐츠진흥원 문화콘텐츠닷컴 www.culturecontent.com/ 토스코리아
칠향계(29), 수증계(30), 설하멱적(63), 진주면(169), 유병(192), 혼돈병(193), 메밀만두(226), 수교의(228), 변씨만두(228), 생치만
두(230), 숭어만두(230), 잡과병(301)